월간 생활 도구

좋은 물건을 위한
사려 깊은 안내서

월간 생활 도구

좋은 물건을 위한
사려 깊은 안내서

김자영
이진주

지콜론북

차례

일러두기

° 본 도서는 국립국어원 표기 규정 및 외래어 표기 규정을 준수하였습니다.
  다만 일부 업체명과 상품명은 해당 기업의 표기와 실제 사용되는 용어로 표기하였습니다.
° 단행본과 소설, 시는『 』영화, 그림, 노래 제목은「 」로 표기하였습니다.
° Index의 제품 크기는 가로×세로 기준이며 지름은 Φ로 표기하였습니다.
° 저자의 순서는 가나다순으로 표기하였습니다.
° 사진 본문© 텍스처 온 텍스처, 이진주(P.215, 216, 218, 221, 247), 김정인(P.70, 128, 230)
  Index© 김정인

Prologue

세상에 박물관이 등장하기 전, 분더캄머Wunderkammer가 있었다. '경이로운 방' 혹은 '호기심의 방'은 수집가가 모은 호화롭고 진귀한 온갖 것으로 빼곡했다. 우리 두 사람의 분더캄머는 희귀하거나 화려하지는 않지만 정직하고 진솔한 사물로 채워져 있다. 단순한 모습 안에 소신과 시간을 품고 있는 것이 우리에게는 호기심과 수집의 대상이다. 여기에서 마흔여섯 개의 도구를 꺼내 열두 달의 흐름에 따라 엮었다. 모두 오랫동안 곁에 두었던 사물로, 이들은 진열품에 그치지 않고 매일 손길이 닿으며 생활을 담아낸다.

이 책은 물건에 대한 기록이며, 일상을 세심히 관찰하고 쓰임을 고민해 제품을 선보였던 사려 깊은 사람에 대한 글이기도 하다. 2014년 생활의 도구를 소개하는 작은 상점을 연 뒤로 달마다 낸 카탈로그가 책의 시작점이 되었다. 국내에도 흥미롭고 좋은 제품이 많지만 다양한 이야기를 전하고자 해외의 물건으로만 꾸렸다. 이 안내서가 누군가에게 좋은 물건이 무엇인지에 대한 물음을 던질 수 있기를 바란다.

January

맛의 기쁨

스위스 바젤 남서쪽에 위치한 어느 한적한 시골 골목에 헤르만 헤세Hermann Hesse가 살았던 집이 있다. 주의를 기울이지 않으면 그냥 지나칠 정도로 딱히 특별할 것이 없는 집에 이제는 다른 이들이 살고 있고, 오래된 나무 문 옆에 걸린 작은 팻말만이 유일하게 헤르만 헤세의 흔적을 알린다. 1900년 4월부터 살기 시작해 이듬해 5월에 이사를 갔다고 하니 일 년 남짓한 짧은 시간이었다. 당시 청년 헤세의 모습을 머릿속으로 그려본다. 스물두어 살쯤 되었을 그는 서점에서 아르바이트를 하고 신문에 짧은 기사와 비평을 기고하며 지냈다. 적은 급여로 검소한 생활을 이어가던 시절이었으니 고향을 떠나 홀로 지내던 청년의 식사도 소박했을 것이다. 그를 떠올리며 간소한 음식이라도 그 맛을 한결 살려주는 도구에 대한 이야기를 시작한다.

모카 포트

La Cupola

시대정신이 바뀌는 경계에 서서 변화의 시작을 이끌었던 이들은 늘 매혹적이다. 그들의 과감한 이상, 단호한 믿음과 주저 없는 용기가 우리를 흔들어 깨운다.

밀라노 출신의 건축가인 알도 로시Aldo Rossi도 그러하다. 1960년대는 합리주의의 엄격한 논리와 모더니즘의 기능주의가 이탈리아 건축을 주도하던 시기였다. 1920년대부터 전개되어온 이탈리아 합리주의 건축은 건축가 개인의 창의성보다 장식을 배제한 단순한 형태와 규율을 강조했다. 이러한 이념은 제2차 세계대전 이후 이탈리아 건축이 '형태는 기능을 따른다'는 모더니즘의 강령을 받아들이는 발판이 된다.

하지만 알도 로시는 기능적인 면만을 강조한 합리주의와 기능주의가 결과적으로 삭막하고 획일적인 이탈리아의 도시 풍경을 야기했다고 비판한다. 대신 알도 로시는 도시 원형에 내재하는 역사적 의미와 그것이 특정 지역에서 지니는 고유한 상징성에 주목한다. 그에게 형태는 단순한 기능이 아니라 함축된 기억의 표현이었다. 그의 건축이 한 편의 시를 읽거나 한 폭의 추상화를 보는 듯한 느낌을 주는 것도 이 때문이다. 알도 로시의 책『도시의 건축』은 1966년 출간되자마자 큰 반향을 불러일으키며 신합리주의의 시작을 알린다. 당시 그는 35세였다.

알도 로시가 이탈리아 브랜드인 알레시Alessi를 위해 디자인한 라 쿠폴라La Cupola 모카 포트에서도 그의 철학이 고스란히 드러난다. 부드러운 포물선을 그리는 뚜껑은 이탈리아 어느 도시 성당의 돔을 연상시키고 그 정점에 올려져 있는 검은 구는 나지막한 종소리를 내는 듯 하다. 커피를 끓이기 위해 모카 포트를 열고 분해할 때마다 아무도 없는 성당 내부를 슬쩍

훔쳐보는 기분이 드는가 하면 힘겹게 오른 피렌체 두오모의 좁은 계단 끝에서 느낀 해방감이 불쑥 떠오르기도 한다. 알도 로시는 이탈리아 노바라의 산 가우덴치오 성당에서 영감을 받아 라 쿠폴라를 디자인했지만 경험과 추억에 따라 자연스레 각자의 기억을 떠올리면 그만일 것이다.

스토브톱 에스프레소 메이커라고도 불리는 모카 포트는 이탈리아의 비알레띠Bialetti에서 1933년에 처음 선보였는데 세탁기에서 아이디어를 얻어 고안되었다. 열을 이용하여 비눗물이 담긴 통을 끓이는 방식이었던 초기 세탁기처럼 모카 포트는 전기가 아닌 열로 압력을 가해 커피를 추출한다. 모카 포트가 등장하면서 이전에는 에스프레소 바나 레스토랑에서만 맛볼 수 있던 깊고 진한 풍미의 커피를 가정에서도 손쉽게 추출할 수 있게 되었다.

모카 포트는 재질의 열전도율에 따라 커피의 맛과 향이 다르게 추출되는데, 알루미늄으로 만들어진 라 쿠폴라는 스테인리스 스틸보다 열전도가 빨라 커피 맛이 한결 좋다. 불길이 닿는 곳마다 검게 그을리며 조금씩 광택을 잃어가지만 그만큼 사용하는 이의 손길이 진하게 배인다. 그을음과 함께 테이블 위에 놓인 작은 성당에 나만의 기억이 더해진다.

아이스크림 스쿱

1020 Original

genau, was man
eller Herstellung
muss: nichts.«

딱히 섬세한 미각의 소유자가 아니더라도 음식을 즐기는 저마다의 방식이 있다. 이를테면 커피는 종이컵보다 두툼한 도자기 잔에 담아 마셔야 한다거나 짜장면은 응당 나무젓가락으로 비벼야 한다는 류의 것 말이다. 그런가 하면 같은 음식이라도 먹는 방법에 따라 무드가 달라진다. 커다란 통에서 밥숟가락으로 퍼먹는 아이스크림이 스트레스를 해소한다면 작은 동산처럼 보기 좋게 담은 아이스크림은 달콤하고 부드러운 위로가 된다.

아이스크림을 동그랗게 담아 먹는 방식은 편의를 위해 시작되었다. 1876년 미국의 펜실베이니아에서 제과 사업을 하던 조지 클레웰George Clewell은 일정한 용량과 형태로 아이스크림을 판매하기 위해 고리가 달린 고깔 모양의 주석 그릇에 막대기를 붙여 아이스크림을 퍼냈다. 이후 다양한 형태의 아이스크림 스쿱이 제작되었지만 두 손을 사용해야 하거나, 조작이 복잡하거나, 힘이 많이 들어 손이 쉽게 피로해지는 등의 단점이 있었다.

1933년 서먼 켈리Sherman Kelly는 미국 플로리다로 떠난 여름 휴가에서 꽁꽁 언 아이스크림을 퍼내느라 손에 물집이 잡힌 아이스크림 가게 직원을 보고 오하이오의 집으로 돌아와 새로운 아이스크림 스쿱을 디자인한다. 그의 아이디어는 알루미늄으로 주조한 스쿱 손잡이 속에 프로필렌글리콜과 물을 혼합한 액체를 넣는 것으로, 스쿱을 잡은 손의 열이 혼합액을 통해 본체에 전도되어 아이스크림에 순간적으로 닿는 원리다. 덕분에 많은 힘을 들이지 않고도 한 손으로 부드럽게 아이스크림을 퍼낼 수 있게 되었다. 기계적인 조작이 아닌 물성을 이용했다는 점에서 상당히 혁신적이었던 이 스쿱은 1935년

특허를 취득했고, 서먼 켈리는 집의 차고를 사무실로 개조해 제롤Zeroll이라는 회사를 설립한다.

깔끔한 디자인에 안정적인 그립감, 손쉬운 사용을 장점으로 내세운 제롤의 아이스크림 스쿱은 크게 성공한다. 기존의 스쿱처럼 아이스크림을 꾹꾹 눌러 담지 않고 말아 올려서 동그란 형태를 만들기 때문에 같은 양의 아이스크림이 더 크게 보이는 효과도 있었다. 대공황의 위기에 아이스크림 가게 주인들에게 특히나 인기를 끈 이유 중 하나였다.

1935년부터 지금까지 본래의 독창적인 디자인을 그대로 유지하고 있는 이 스쿱은 이제 오리지널이라는 이름으로 불린다. 같은 원리를 이용한 아이스크림 스쿱이 여러 브랜드에서 제작되지만 제롤의 오리지널 시리즈는 여전히 최고의 아이스크림 스쿱이라는 평을 받는다. 오랜 시간 제롤이 단단히 지켜온 명성은 '오리지널'이 가지는 의미와 가치를 돌아보게 한다.

ZEROLL®
20

드리퍼

Copper Wave Dripper

시간을 온전히 담아내는 핸드 드립 커피는 단순히 잠을 깨기 위해 마시는 커피와 다르다. 원두를 골라 분쇄하는 일부터 주전자를 손에 맡긴 채 가느다란 물줄기를 내리기까지 일련의 과정을 거쳐야 비로소 담백한 커피 한 잔을 마실 수 있기 때문이다.

핸드 드립 커피의 시작에는 멜리타 벤츠Melitta Bentz라는 독일 여인이 있다. 당시 커피는 차를 우려내듯 분쇄한 가루에 물을 직접 부어 쓴맛이 강했다. 또한 가루가 이에 끼고 컵에 달라붙어 리넨에 가루를 걸러내기도 했지만 사용한 리넨을 매번 깨끗이 청소하기는 쉽지 않았다. 멜리타 벤츠는 아들의 연습장과 못으로 바닥에 구멍을 낸 황동 주전자를 이용해 커피 찌꺼기를 거르는 새로운 추출법을 시도한다. 오늘날의 여과지와 드리퍼의 원형인 셈이다. 그녀는 몇 번의 시행착오를 거쳐 맛도 깔끔하고 이에 낄 염려도 없는 추출 방법을 찾아냈고, 드리퍼와 필터에 자신의 이름을 붙여 커피 용품 전문 회사인 멜리타Melitta를 설립했다.

드리퍼는 대부분 생김새가 비슷하지만 자세히 보면 다른 점이 드러난다. 핸드 드립 방식은 원두 고유의 맛, 물줄기의 온도와 속도, 여과지의 특성, 드리퍼 형태와 재질에 따라 커피의 맛과 향이 달라진다. 그래서 드리퍼를 생산하는 브랜드가 추구하는 맛에 따라 추출구의 크기와 개수, 경사각 및 드리퍼 안쪽 면의 결, 재질 등이 다르다. 이를테면 멜리타의 드리퍼는 사다리꼴 형태로 바닥에 하나의 추출구가 있으며 경사각이 상당하여 추출 시간이 오래 걸린다. 반면 칼리타Kalita의 웨이브 드리퍼는 완만한 경사의 원추형으로 바닥에 세 개의 추출구가 있어 드리퍼 내부의 가로 줄무늬와 전용 필터의 세로 주름을 따라 균일한 속도로 커피가 추출된다. 칼리타 웨이브 드리퍼 중 일본 쓰바메 지역과 협업해 만든 코퍼 웨이브 드리퍼 Copper Wave Dripper는 열전도율이 높은 구리를 사용해 예열을 하지 않아도 초보자부터 전문가까지 안정된 맛의 커피를 내릴 수 있다. 에도 시대부터 금속 가공을 업으로 삼아온 니가타현의 쓰바메 지역은 대대로 내려오는 연마 기술로 칼과 절삭 공구는 물론 개항 이후에는 양식기를 생산해 왔다. 2008년에는 지역 제품 인증 제도인 '메이드 인 쓰바메'를 시작했고 금속 가공 마을은 하나의 브랜드가 되었다. 쓰바메의 장인들은 거울을 연마하듯 구리를 반질반질하게 갈고 닦아 단순한 형태와 세련된 마무리가 돋보이는 드리퍼를 만든다. 생활 도구를 공예품으로 만들어낸 장인의 섬세한 손길을 닮고 싶은 아침, 부드럽게 핸드 드립 커피를 내리며 하루를 시작한다.

스퍼틀

Spurtle

매년 가을이 되면 스코틀랜드 칼브리지에서는 골든 스퍼틀Golden Spurtle이라는 대회가 열린다. 스코틀랜드 전역에서 찾아온 참가자들이 가공하지 않은 귀리에 오로지 소금과 물만을 더해 포리지Porridge를 제한된 시간 내에 만들고 그 맛을 겨루는 행사로, 귀리로 만든 죽을 가리키는 포리지는 우리가 흔히 알고 있는 오트밀을 말한다. 대회의 최종 우승자에게는 포리지 만들기 세계 챔피언이라는 다소 거창한 타이틀과 더불어 '골든 스퍼틀' 트로피가 수여된다. 조금 과장하면 올림픽 수준의 까다로운 기준과 절차를 거쳐야 하는 이 대회에서 모든 참가자가 지참할 수 있는 한 가지가 있다. 바로 대회의 이름이자 수상품이기도 한 스퍼틀Spurtle로, 길고 가느다란 모양새가 요술 방망이를 연상시킨다.

우리에게는 낯설지만 여느 스코틀랜드의 부엌에서 어김없이 찾아볼 수 있는 이 도구의 시작은 15세기로 거슬러 올라간다. 가난했던 스코틀랜드 농민에게 귀리는 주식이나 다름없었지만 워낙 껍질이 질겨 식감이 좋지 못할 뿐 아니라 소화도 어려웠다. 영국의 시인이자 평론가인 새뮤얼 존슨Samuel Johnson이 1755년에 출간한 영어사전에서 귀리를 '잉글랜드에서는 일반적으로 말의 먹이로 주지만, 스코틀랜드에서는 사람이 먹는 곡물의 일종°'이라고 정의했을 정도다. 게다가 지금처럼 귀리를 압착하는 기술이 없던 시절이었으니 당시 귀리는 오랜 시간 동안 물에 불리고 끓인 후에야 비로소 먹을 수 있었다.

° A grain, which in England is generally given to horses, but in Scotland supports the people. 『A Dictionary of the English Language』.

Bauck Hof
demeter

이렇게 완성까지 긴 조리 시간이 필요했던 오트밀을 쉽게 저을 수 있도록 만들어진 도구가 바로 스퍼틀이다. 스퍼틀은 일반 나무 주걱과 다르게 오목하거나 납작한 부분 없이 전체가 매끄럽고 둥글다. 덕분에 음식물에 닿는 면적이 주걱보다 상대적으로 적어 오래 저어도 멍울이 생기지 않고 음식 잔여물도 끼지 않는다. 그래서 오트밀뿐 아니라 뭉근히 끓여야 하는 쌀죽이나 딸기잼 같은 요리에 적합하다.

긴 역사만큼이나 형태가 다양한 스퍼틀 중에서도 안정된 비율과 간결한 디자인에 집중한 인데코Indeco의 스퍼틀은 단조롭지만 깔끔하고 부드러운 맛의 오트밀을 닮았다. 호주 남쪽의 섬 태즈메이니아에서 아틀리에를 운영하는 패트릭 시니어Patrick Senior는 태즈메니아산 목재를 손으로 깎고 다듬어 스퍼틀을 완성한다. 양 끝의 굵기가 다른 이 스퍼틀은 식재료와 냄비의 크기에 따라 양쪽 모두 사용할 수 있어 쓰임새가 더욱 좋다.

단, 어느 스퍼틀을 사용하더라도 잊지 말아야 할 주의 사항이 한 가지 있다. 바로 오른손을 사용해 시계 방향으로만 돌려야 한다는 것으로, 이를 따르지 않으면 악령을 불러낸다는 오싹한 전설이 전해진다.

February

그리운 시절

몸집이 작고 겉으로 보기에 성별이 모호한 다니엘은 친구들과 어울리지 않는다. 음악을 한답시고 매일 시끄러운 소리를 내는 형도, 엄마가 데려가는 이상한 세미나도 싫은 그는 주변 사람들의 초상화를 그린다. 어느 날 파란 교실 문을 열고 붉은 가죽 재킷을 입은 테오가 전학을 온다. 외모는 사뭇 다르지만, 자신만의 세계를 가진 열여섯 살의 두 소년은 방학이 시작되자 답답한 마을과 가족을 떠날 방법을 궁리한다. 둘은 고물상에서 주운 잔디깎이 모터와 나무 판자로 세상 어디에도 없는 바퀴 달린 작은 집을 만든다. 마침내 그들의 어설픈 드림 카가 뒤뚱뒤뚱 움직이기 시작하고, 자신들을 이상하게 바라보지 않을 곳을 찾아 무작정 내달린다.

미셸 공드리Michel Gondry가 자신의 어린 시절 이야기를 담아낸 영화 「마이크롭 앤 가솔린」은 상상만으로도 커다란 세계를 만들 수 있는 유년을 그린다. 몽상을 현실로 만들어내는 이들의 대책 없는 여행을 지켜보면 어느새 마음이 들뜬다. 어느 누구의 시선도 신경 쓰지 않고 감정을 터뜨리던 자유로움, 지는 해에도 잠들고 싶지 않을 만큼 모든 것이 신기하고 즐거워 보이던 시절, 모두가 소년이고 소녀였던 때가 누구에게나 있다.

테트리스 게임기

Tetris Micro Arcade

2005년, 신제품 출시를 알리는 애플의 프레젠테이션에 스티브 잡스Steve Jobs가 어김없이 트레이드마크인 검은 티와 청바지를 입고 등장했다. 청바지 앞에 있는 주머니 속의 주머니 용도가 늘 궁금했다던 그가 마치 묘기를 부리듯 주머니 안에서 아이팟 나노를 꺼내 들자 관중의 환호성이 쏟아졌다. 스티브 잡스는 아니지만 청바지 주머니에서 폼 나게 꺼내 들어 모두를 유쾌하게 할 수 있는 물건이 하나 더 있다. 가로세로 85×53mm로 딱 신용카드만 한 크기에 두께가 불과 7mm인 테트리스 마이크로 아케이드Tetris Micro Arcade 게임기이다.

소련과학아카데미에서 프로그래머로 일하던 알렉세이 파지트노프Aleksej Pažitnov가 1984년에 전통 퍼즐 게임인 펜토미노를 개량해 우연히 테트리스를 만들었던 것처럼 이 게임기도 뜻하지 않게 개발되었다. 미국 포틀랜드에서 평범한 회사원으로 일하던 케빈 베이츠Kevin Bates는 재미 삼아 아두이노 보드를 프로그래밍한다. 손바닥 크기의 아두이노 보드는 오픈 소스 하드웨어로 이를 활용하면 누구나 자신만의 전자 제품을 만들 수 있는데, 여러 차례 시도 끝에 초소형 게임기의 프로토타입을 완성한다. 그는 자신의 작업물을 설명하는 영상을 유튜브에 올렸고 이는 곧 조회수 5억 뷰를 넘길 정도로 뜨거운 호응을 얻었다. 반년 후 케빈 베이츠는 다니던 직장을 그만두고 아두보이Arduboy라는 회사를 차렸다. 크라우드 펀딩을 받은 그는 테트리스 컴퍼니The Tetris Company와도 협업하여 마침내 2015년에 신용카드 크기의 테트리스 전용 게임기를 출시한다. 2019년부터는 장난감 회사인 슈퍼 임퍼스Super Impulse가 테트리스뿐 아니라 팩맨이나 미사일 커맨드 등 추억의 게임을 담은 여러 버전의 게임기를 제작하고 있다.

전원 스위치와 음소거 스위치, 하얀 버튼 여섯 개와 작은 OLED 디스플레이가 전부인 이 게임기는 기본적인 기능만을 갖추고 있지만 그 마력만큼은 여느 게임기에 못지않다. 손바닥에 쏙 들어오는 크기와 가벼운 무게 덕에 언제 어디서나 게임을 즐길 수 있고 조작이 간단해 남녀노소 모두가 어려움 없이 시작할 수 있다. 버튼을 누르는 느낌은 소싯적 게임보이 스위치 위로 화려하게 구사하던 손가락 기술을 순식간에 되살아나게 할 만큼 쫀득하다. 휴대 전화나 PC 게임으로는 대체 불가한 특유의 손맛이다.

전원을 켜고 친숙한 러시아 민요 멜로디가 흘러나오면 나도 모르게 쏟아지는 테트리스의 세계에 빠져든다. 저장도 일시 정지 기능도 없어 일단 시작하면 손에서 놓을 수 없다. 다행히 한 번 충전하면 여섯 시간까지 지속되어 게임 도중에 화면이 나가버리는 최악의 사태는 막을 수 있다. 게임은 아직 끝나지 않았다.

Kohnle Lee Architekten GmbH
Pilgerstrasse 28

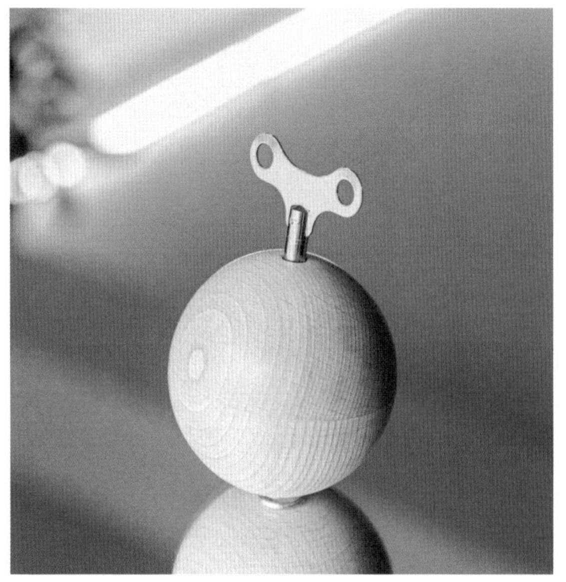

오르골

Mozartkugel Spieluhr

아이가 어려 온몸으로 살냄새를 풍기던 시절이 있었다. 버둥거리며 놀다 만족스럽게 우유를 먹고 나면 어김없이 깊은 햇살과 함께 낮잠 시간이 찾아왔다. 그때마다 아기를 업고 희미한 가사로 「섬집 아기」를 불렀다. 등이 불편해서인지 엄마의 서투른 노랫소리가 오던 잠도 떠나보냈던 것인지 아기는 한 번도 곤히 잠든 적이 없었다. 아기가 잘 때 듣던 음악은 따로 있었다. 업었던 아기를 등에서 내려 침대에 눕힌 후 싸개로 단정히 몸을 감싸고 나면 태엽을 감았다. 작은 공처럼 동그란 오르골에서는 모차르트 오페라 「피가로의 결혼」이 흘러나왔다. 두어 번 태엽을 다시 감다 보면 회전목마처럼 오르골의 멜로디가 느려졌다.

이 나무 오르골은 독일의 슈바르츠발트 지역에서 제작된다. 울창한 숲에서 자라는 나무를 직육면체로 자르고 그 안에 열여덟 개의 음을 내는 기계 장치를 심는다. 장인은 다시 사각형의 나무를 돌려 깎고 다듬어 완벽한 구형으로 만들고 오일로 마무리한다. 열쇠 모양의 태엽을 오르골 구멍에 꽂고 돌리면 비밀 장치의 문이 열리듯 음악이 시작된다. 오르골이 열쇠의 축을 중심으로 천천히 회전하면서 노래가 흘러나오고 태엽을 제거하면 자유로이 굴러다니기도 한다. 오르골 속에 숨어 보이지 않는 장치가 내는 소리가 묵직한 나무 안에서 공명하게 울려 가만히 듣고 있으면 거대한 숲에서 울려 퍼지는 아리아가 떠오른다.

단단한 나무를 잡고 태엽을 돌리는 손도, 움직이며 소리를 내는 오르골을 보는 눈도, 숨은 장치가 내는 소리를 듣는 귀도 모두 즐겁다. 어쩌면 옆에 누운 아기가 규칙적으로 내쉬는 숨이 안도감을 주어서인지도 모른다. 사랑이 슬픈 소년 케

루비노의 아리아 「사랑의 괴로움을 그대는 아는가°」를 듣다 곤히 잠드는 작은 사람이 이토록 아름답다니. 사랑의 괴로움을 그대는 아는가, 라는 처절한 물음에도 그저 달콤한 우유 냄새로 답하는 존재이기 때문에 그럴 것이다. 그 언젠가 사랑이 무엇인지 아는 그에게, 사랑을 알려달라 갈구하는 소년이 되면 오르골의 태엽을 감다가 눈물을 흘리려나. 그 슬픔은 굴 따러 간 엄마를 기다리는 마음과는 차마 비교도 할 수 없이 쓰리고 미어질 테지.

° 모차르트 오페라 「피가로의 결혼」 중 짝사랑하는 소년 케루비노의 아리아로 '사랑이 무엇인지 아는 그대여. 알겠지요. 내 마음이 어떤지.'가 시작과 끝을 이룬다.

16:46
Mon
10 Feb
Locked
No SIM
Punkt.
RECHTE RÄU
Bericht eine

휴대 전화

MP 02

Basler Zeitung
Mittwoch, 15. Januar 2020
Grand Prix Literatur
Ruderboote sind nachts kaum sichtbar
Schiffsunglück Nach dem Zusammenstoss auf dem Rhein kritisieren Schiffskapitäne die Freizeitruderer.
Fassadenkletterer und Luftsprünge zur Eröffnung
Erbe der Nazizeit
Endlich wieder offen
Bereits ausgeschieden
SVP-Aussagen stossen auf heftige Kritik
Wie die Klimawende doch noch klappt
Ruedi Zbinden spricht im Interview Klartext
Punkt.

박태원의 소설 『방란장 주인』은 단 한 문장으로 쓰였다. 원고지 마흔 장 분량의 총 5,558자로 이루어진 한 문장도 놀랍지만, 마침내 그 끝에 찍힌 마침표 하나는 단순한 구두점을 넘어 그 어느 때보다 단호하고 강렬하게 다가온다.

마침표에 대해 말하는 또 다른 이가 있다. 2008년 스위스에서 풍트Punkt.를 창립한 페터 네비Petter Neby이다. 독일어로 마침표 혹은 점을 뜻하는 풍트는 기술과 사람, 사람과 사람의 관계 맺음에 대한 고민을 담아 시계, 전화기, 충전기 같은 전자 제품을 만든다. 2018년에 통화와 문자, 일정 등 아주 기본적인 기능만 하는 휴대 전화 MP 02를 출시한 것도 같은 맥락이다. 손에서 놓을 일이 없을 정도로 광범위한 기능을 해내는 스마트폰이 대세인 시대에 흐름을 역순하는 제품이다.

풍트의 휴대 전화를 사용하기 위해서는 일, 여가, 추억, 취향, 인간관계까지 생활의 전부가 이루어지는 작은 화면을 벗어나 익숙한 많은 부분을 놓아야 한다. 동시에 그 모든 것이 정말 필요한지, 또 쉼 없이 늘 누군가와 연결된 우리의 삶이 피로하지는 않은지 스스로 묻게 된다. 한 번도 만난 적 없는 어느 먼 곳의 누군가와 '좋아요'로 하는 소통에 마침표를 찍고 가까운 지인과 목소리로 대화하는 것은 어떨지도 말이다.

휴대 전화의 모양새는 풍트가 전하려는 메시지처럼 명쾌하고 단순하다. 창립 초창기부터 디자인 디렉터를 맡은 재스퍼 모리슨Jasper Morrison은 휴대 전화 뒷면을 볼록하게 만들고 크기를 조정해 한 손으로도 편안히 잡을 수 있게 했다. 버튼에 그려진 기호는 직관적이라 스마트폰처럼 사용법을 익히느라 헤맬 필요가 없다. 통화하려면 수화기가 그려진 버튼을, 전화번호를 찾으려면 책이 그려진 버튼을, 문자를 보내려면 말풍

선 버튼을 누르면 된다. 오돌토돌한 질감에 무광택으로 처리된 본체와 매끄러운 버튼이 이루는 대비는 세련되다.

풍트의 제품과 행방을 가만히 따라가다 보면 진솔하고 바른 마음이 온전하게 느껴진다. 그들의 이야기가 더 묵직하게 울리는 이유이다.

Call
Send message
Save
Add country code
Punkt.

베이클라이트 스위치와 콘센트

Bakelitschalter

Polyoxybenzylmethylenglycolanhydride 혹은 폴리옥시벤자일메틸렌글리콜란하이드리드.

어느 문자로도 읽기 어려운 이 화학명은 1907년에 발명된 최초의 인공 플라스틱을 가리킨다. 벨기에 출신의 미국인 화학자인 리오 베이클랜드Leo Baekeland가 페놀과 포름알데히드 혼합물을 이용해 만든 합성수지로 그의 이름을 따 간단히 베이클라이트Bakelite라 부르기도 한다. 당시에는 인도와 태국에 서식하는 깍지진디의 분비물인 셸락을 전기 절연체로 사용했는데, 셸락은 절연성이 우수하지만 자연에서 얻는 만큼 발전하는 산업의 속도에 맞춰 공급하기가 어려웠다. 희소한 만큼 가격도 비쌌다. 이에 1905년부터 셸락을 대체할 물질을 연구하던 리오 베이클랜드는 새로운 재료를 만드는 데 성공했고 곧 엄청난 부자가 되었다.

새로운 재료는 스위치를 시작으로 라디오, 카메라, 전화, 주얼리까지 만오천여 가지에 이르는 제품으로 만들어진다. 베이클라이트를 사용하지 않은 생활용품을 찾기 어려울 정도였다. 리오 베이클랜드의 엄청난 성공과 부에 자극을 받은 많은 화학자가 또 다른 합성수지 개발에 몰두하였고 얼마 지나지 않아 더 저렴하고 공정도 단순한 다양한 종류의 플라스틱이 세상에 등장했다. 결국 새 시대의 소재로 주목받던 베이클라이트는 20세기 중반에 이르러 자취를 감춘다.

그로부터 반세기가 지나고 2010년 독일의 THPG는 베이클라이트로 만든 스위치와 콘센트를 다시 세상에 불러냈다. 토마스 후프Thomas Hoof가 1998년에 설립한 이래로 조명, 싱크대, 문과 창문의 부속품 등의 하드웨어를 만드는 THPG는 베이클라이트용 금형과 공구를 새로 만들고 가공 경험이 있는 전문가를 어렵게 수소문했다. 이러한 노력으로 그 어떤 플라스틱도 흉내 낼 수 없는 베이클라이트 특유의 단단한 촉감과 은은한 광택을 온전히 되살렸다. 새까만 스위치를 누를 때 딸깍하는 짧은 소리도 반갑다. 스위치는 푸시형 외에도 토글, 슬라이드, 돌리는 버튼 등 다양한 형식이 있어 조명과 공간에 맞게 고를 수 있다. 손가락 하나 까딱하지 않고 목소리만으로 불을 켜고 끌 수 있는 세상이지만 베이클라이트 스위치를 직접 끄고 켜며 손과 눈, 귀로 느끼는 즐거움은 대체할 수 없다.

March

기록의 가치

온 가와라On Kawara는 매일 아침 엽서에 기상 시간과 머무는 장소를 표시해 두 명의 지인에게 보냈다[°]. 엽서를 보내고 돌아오는 길에 신문을 사고, 읽은 기사를 스크랩했다. 단색 바탕에 그날의 날짜만을 채색한 그림을 그리고 완성된 그림은 해당 날짜의 신문 기사와 함께 상자에 넣었다[°°]. 자정 전에 완성하지 못한 그림은 폐기했다. 날이 저물 무렵이면 하루 동안 움직인 경로를 지도에 붉은 볼펜으로 표시하고[°°°] 그날 만난 사람들의 이름을 타이핑했다[°°°°].

평생에 걸쳐 묵묵히 이어간 그의 기록은 예술이 되었다.

° On Kawara, 「I got up」, 1968-1979. °° On Kawara, 「Today」, 1966-2013.
°°° On Kawara, 「I Went」, 1968-1979. °°°° On Kawara, 「I Met」, 1968-1979.

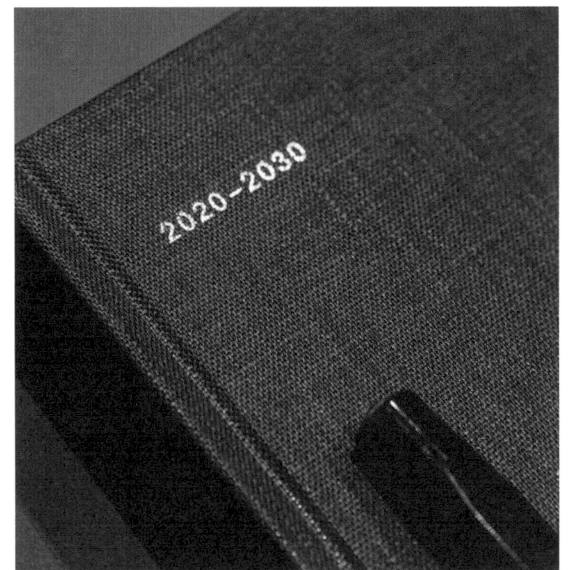
2020-2030

십 년 다이어리

10 Years Memo

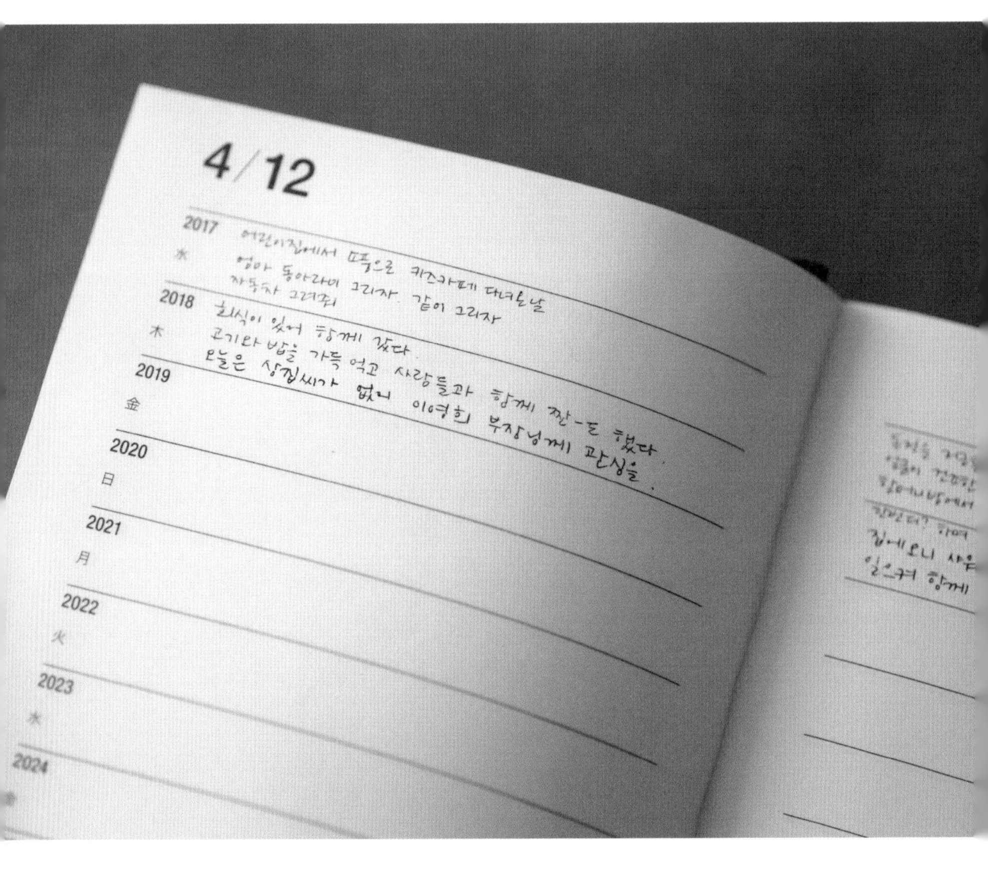
4/12
2017 水
키즈카페 다녀온날
그리자. 같이 그리자
자동차 그려줘
2018 木
회식이 있어 함께 갔다.
고기와 밥을 가득 먹고 사람들과 함께 짠-도 했다.
오늘은 상진씨가 없니 이영희 부장님께 관심을.
2019 金
2020 日
2021 月
2022 火
2023 木
2024

맑고 따스한 겨울이었다. 많은 사람이 찾지만 나에게는 익숙하지 않은 도시에 머물렀다. 맛이 좋다는 카페에서 커피가 아닌 샌드위치를 사고 가게 앞에서 어색하게 혼자 먹었다. 궁색한 여행자의 차림새로 몇 발짝 떨어진 거리에 있는 상점에 들어갔다. 아라비아 숫자밖에 읽을 수 없는 수준이지만 천천히 물건을 둘러보다 꽤 묵직해 보이는 수첩 앞에 멈췄다. 그리고 오래도록 만나지 못하던 친구가 생각났다. 친구의 하루는 누구보다 치열하고 간절한 시간이었음에도 다른 의미에서는 존재하지 않는 시간이나 다름없었다. 나는 그에게 믿음을 전하고 싶었다. 합격에 대한 믿음이 아닌 허투루 보내지 않은 시간에 대한 믿음을.

2012년 일본의 편집자이자 디자이너인 도츠카 야스오Totsuka Yasuo가 고안한 십 년 다이어리는 십 년이라는 시간 속의 하루를 한눈에 볼 수 있도록 만들어졌다. 이를테면 2017년부터 2026년까지의 6월 2일에는 무슨 일이 있었는지를 한 페이지에 차례로 적어 작년의 오늘을 회상하고 동시에 내년의 오늘을 상상할 수 있다. 쓰지 않은 사람은 느낄 수 없는 기록의 기쁨이다.

십 년 다이어리는 긴 시간을 매일 보아도 질리지 않도록 단순한 모습을 하고 있다. 조직의 짜임이 보이는 단색의 천으로 감싼 표지는 손에 닿는 촉감이 좋고 내지는 날짜와 요일만을 나타낸다. 오랜 역사를 지닌 일본 제본소인 송악사松岳社에서 실로 튼튼하게 묶어서 상당한 두께에도 불구하고 필기하기 편하게 펼쳐진다. 하루하루를 기록하는 페이지는 물론, 한 달, 한 해를 간단히 정리하는 페이지도 있어 큰 흐름에서의 삶의 변화도 볼 수 있다.

십 년 다이어리는 4월 1일에 시작한다. 이것은 일본의 회계연도에 기반한 것으로 회계연도는 나라마다 다르다. 우리나라는 1월 1일, 미국 연방정부는 10월 1일, 미국 대부분의 주정부는 7월 1일에 시작하고 남아프리카공화국, 영국, 일본, 홍콩은 4월에 시작하는 회계연도를 따른다. 물론 개인의 기록은 회계와 무관하지만 원대한 다짐으로 잔뜩 부풀었던 새해 첫날을 지나 보낸 후 적당히 정리된 마음가짐으로 적을 수 있어 좋다.

삼 년이라는 시간이 지나고 친구는 합격했다. 그에게 전한 십 년 다이어리는 그간 한 줄도 채워지지 않았을 수도 있다. 하루를 잘게 쪼개 살아가던 일정에 일기를 위한 자리는 없었을 테니 말이다. 그러나 이 긴 여백 또한 고독하고 치열했던 시절의 기록으로 남는다.

캘린더 스탬프

Perpetual Calendar Stamp

1896년 1월 1일 조선 사람들은 새 아침을 맞았다. 어제는 1895년 11월 16일이었다. 갑작스레 수십 날이 사라지고 말았다. 이는 고종이 양력을 국가의 표준력으로 공포하며 벌어진 일로 사람들은 느닷없이 태양력이라는 낯선 시간에 속하게 되었다. 사라진 날수만큼 음력과 양력의 차이가 생겨났으니 어지러운 겨울이었다. 다만 양력을 공식적으로 받아들인 뒤에도 음력과 양력이 양립하는 이중력이 지속되었다. 그로부터 지금까지도 우리는 음력과 양력, 두 가지 시간 안에 산다. 덕분에 새해 첫날도 두 번, 잘 우기면 생일도 두 번이다.

달의 삭망과 간지를 기반으로 하는 음력과 달리 날짜와 요일을 근간으로 하는 양력으로 인해 '7일=일주일'이라는 새로운 주기가 등장했고 각 날에 붙은 이름에 따라 요일의 리듬이 생겨났다. 월화드라마, 수목드라마, 금요일 밤의 예능으로 구성되는 일주일은 오늘이 며칠인지 정확히 몰라도 무슨 요일인지는 잊지 않게 한다. 주말의 해가 지면 빠짐없이 월요병을 앓고 다시 주말을 기다리며 반복되는 일주일 단위로 살아간다.

한 주가 언제부터, 어떤 이유로 일곱 날로 구성되었는지 궁금증을 불러일으키는 물건이 있다. 바로 '영원한 달력'이라 불리는 도장으로 숫자의 위치를 바꿔 끼워 매월 새로운 달력을 만들 수 있다. 7일을 주기로 요일이 반복되는 태양력에 착안해 고무판에는 세로로 나열된 네 개의 숫자가 양각으로 새겨져 있다. 매달 있기도 하고 없기도 한 29, 30, 31일은 낱개로 존재한다. 날짜에 맞춰 도장 부품들을 재배치하여 매달 작은 캘린더를 만든다. 쓰지 않는 숫자를 끼워 별도로 보관하는 초록색 고무판이 있어 날짜가 사라지는 일을 막을 수 있다.

S M T W T F S
1 2 3 4
5 6 7 8 9 10 11
12 13 14 15 16 17 18
19 20 21 22 23 24 25
26 27 28 29 30
퇴사하는 날!
아일랜드
Water-based

놈브레Nombre의 캘린더 스탬프 하나면 해마다 새로운 달력을 구입할 필요가 없다. 특히 손에 꼭 맞는 노트에 달력이 없어 매번 첫 장의 구석에 직접 날짜를 그려넣던 사람에게는 참 반가운 물건이다. 평범한 노트도 남다른 플래너가 된다.

말일이 다가오면 지난 달력을 한 장 넘기는 대신 고무를 가지런히 정렬하고 새로운 종이를 펼쳐 도장을 살며시 눌러 찍는다. 검고 반짝이는 손잡이와 황동의 판으로 이루어진 도장을 찍을 때면 마치 중요한 문서에 날인하는 기분이 들어 신중하게 손을 움직인다. 시간의 균일함을 강조하듯 달력은 요일과 날짜 외에는 아무런 이야기를 하지 않는다. 역사적 기념일도, 민족의 전통도 드러내지 않고 모든 하루는 같은 힘을 갖는다. 너의 이름을 불러 비로소 너를 꽃으로 만들 듯, 세상의 기념일이 아닌 나를 중심으로 의미 있는 날을 표시한다.

측량 수첩

Survey Field Notebook

SKETCH BOOK

소설 『어느 겨울밤 한 여행자가』 속 기상학자 카우데레르 씨는 매일 정오 자전거를 타고 페트크보의 기상 관측소에 들른다. 키가 크고 마른 몸에 살짝 까무잡잡한 피부의 그는 가방에서 폭이 넓고 길이가 짧은 장부를 꺼내고 단을 올라 관측기에 표시된 숫자들을 종이에 옮겨 적는다. 이탈로 칼비노Italo Calvino의 짧은 서술에도 불구하고 소설 속 카우데레르 씨의 모습은 선명하다. 세밀하고 규칙적인 일을 하는 그가 하루도 빠짐없이 같은 시각에 적은 장부를 떠올려본다. 연필과 만년필로 적힌 숫자와 기호가 그만의 규칙으로 빼곡하게 잘 정돈되어 있을 것이다. 그는 여러 시행착오를 거쳐 서 있는 채로 관측기의 값을 옮겨 적기 적합한 노트를 찾아냈을 터였다.

상상이 맞다면 카우데레르 씨는 기록의 인생에서 성공한 셈이다. 손과 수첩, 필기구의 합이 잘 맞는 문구를 만나기 위해 더는 헤맬 필요가 없기 때문이다. 물론 그가 까다롭지 않고 수더분한 사람이라 수첩의 종류는 개의치 않았을 수도 있다. 이렇건 저렇건 소설 속으로 들어가 관측소 앞의 그에게 작고 얇은 녹색의 수첩을 건네고 싶다. 그렇게 되면 아마 소설은 다시 쓰일 것이다. 가방에서 손 하나 크기의 녹색 수첩을 꺼내는 것으로.

일본의 사무용품 회사인 고쿠요Kokuyo는 1959년 측량 수첩을 만들었다. 많은 시간을 밖에서 일하는 측량 기사들의 요구 사항을 반영한 일종의 야장°으로, 측량 값과 지질의 특이사항 등 현장의 내용을 그들만의 세계에서 통용되는 약어와 기호로 간결하고 빠르게 적을 수 있도록 고안되었다. 수첩은

° 측량의 측정값을 현장에서 기록하는 수첩.

서서 필기하여도 안정감을 유지할 수 있게 한 손에 잡히는 크기이며, 실로 종이를 엮어 어느 쪽을 펼쳐도 굴곡 없이 평평하다. 마흔 장의 내지에는 옅은 파란색의 3mm 격자무늬가 있어 글자뿐 아니라 간단한 도면도 작성할 수 있다. 측량 수첩의 세심함은 표지에서 특히 두드러진다. 단단한 표지는 얇으면서도 구부러지지 않아 필기 중 받침대 역할을 하고, 방습 기능이 있어 궂은 날씨에도 수첩을 보호한다. 이 작고 얇은 수첩에는 타인의 직업에 대한 섬세한 이해와 배려가 녹아 있다.

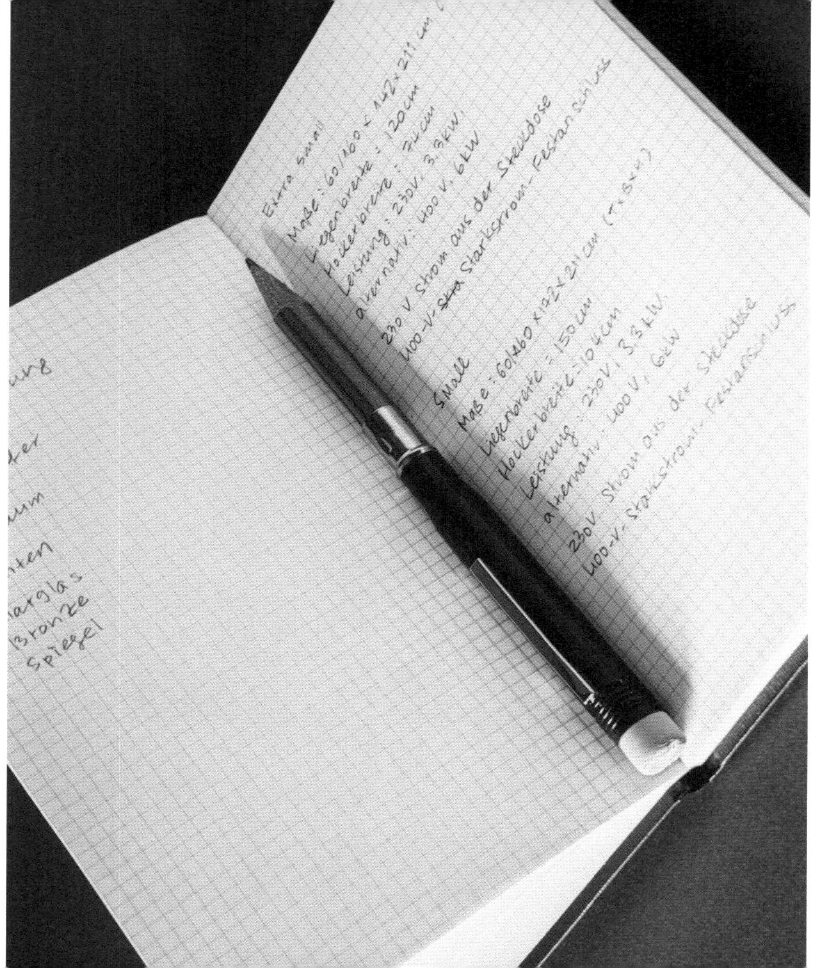
Bronze
Spiegel
Extra small
Maße: 60/160 × 142 × 211 cm
Liegenbreite: 120 cm
Hockerbreite: 74 cm
Leistung: 230V, 3,3 kW,
alternativ: 400 V, 6 kW
230 V Strom aus der Steckdose
400-V-Starkstrom-Festanschluss
Small
Maße: 60/460 × 172 × 211 cm (T×B×H)
Liegenbreite: 150 cm
Hockerbreite: 104 cm
Leistung: 230V, 3,3 kW,
alternativ: 400 V, 6 kW
230V Strom aus der Steckdose
400-V-Starkstrom-Festanschluss

연필

Perfect Pencil 9000

9000
FABER-CASTELL

어니스트 헤밍웨이Ernest Hemingway는 매일 아침 파리의 한 카페로 향했다. 낡은 외투와 모자를 벗어두고 커피 한 잔을 주문한 후 주머니에서 파란 노트와 연필을 꺼내 글을 썼다. 이른 아침의 냄새와 빗질과 걸레질이 반복되는 소리를 영감 삼았다. 그의 주머니에는 늘 연필 두 자루와 연필깎이, 노트가 들어 있었다. 어니스트 헤밍웨이가 파리에서 머물던 젊은 날을 회고한 책 『파리는 날마다 축제』에는 수많은 필기구 중 유독 연필을 편애한 모습이 담겨 있다. 그리고 그 못지않게 연필을 사랑한 가족이 있으니, 바로 독일의 파버카스텔Faber-Castell가문이다.

파버카스텔은 연필을 비롯한 필기구를 만드는 회사의 이름이기도 하다. 먼 나라에 사는 우리에게도 익숙할 정도로 유명한 곳이나 시작은 소박했다. 뉘른베르크의 한 마을에 살던 목수 카스퍼 파버Casper Faber는 1761년에 나무판자 사이에 흑연을 끼워 연필을 만들었다. 그의 아내는 연필을 바구니에 담아 장터에서 팔았다. 작은 규모의 장사인지라 회사 이름도 따로 없었고, 다른 판매자들과 구분 지으려 연필 끄트머리에 별이나 달, 우물 정(#)자 등의 간단한 기호를 새길 뿐이었다. 1784년 카스퍼 파버의 큰아들인 안톤 파버Anton Faber가 일을 이어받으며 자신의 이름을 따 회사를 세운다. 이후 안톤 파버가 아들에게, 그 아들이 다시 아들에게, 그리고 손녀에게 가업을 물려주며 파버카스텔은 독일에서 가장 오랜 연필 회사이자 세계적인 필기구 회사로 성장한다. 1898년에 여섯 번째로 회사를 상속받은 오틸리에 폰 파버Ottilie von Faber가 귀족 가문의 알렉산더 카스텔-뤼덴하우젠Alexander Castell-Rüdenhausen과 결혼하여 회사명은 두 사람의 성을 딴 파버카스텔로 변경된다. 당시에는 결혼한 여성이 남편의 성을 따르지 않는 경우가 매우 드물었기에 오틸리에 폰 파버는 '파버' 성을 유지하기 위해 왕실의 승인까지 필요했다. 이름을 잃지 않고 지금까지 9대에 걸친 긴 시간 동안 가업을 지속해 나가고자 했던 그들의 노력이 엿보이는 일화이다.

파버카스텔이 현대 연필의 형태와 품질에 미친 영향은 지대하다. 네 번째로 회사를 이끌던 로타르 폰 파버Lothar von Faber는 성인 남자의 손목에서 중지 끝까지의 치수인 18cm를 연필의 적정 길이로 제안했고 이는 연필의 표준 규격으로 자리 잡았다. 1830년대에는 연필을 좀 더 편안하게 사용할 수 있도록 원형에서 육각형으로 바꾸었다. 연필을 심의 농도와 강도에 따라 세분화하여 처음 판매한 것도 파버카스텔로 알려져 있다. 연필심은 흑연 가루, 점토, 물을 조합하여 만들어지는데 점토의 양이 늘어나면 심이 단단해지면서 농도는 연해지고, 흑연의 양이 늘어나면 심이 부드러워지면서 색은 진해진다. 이를 이용해 파버카스텔은 경도가 다른 여섯 자루의 연필을 1837년에 출시한다. 여섯 자루 중 가장 연하고 단단한 연필심을 HHH라고 했고, 점차 심이 진하고 무른 순으로 HH, H, HB, B, BB라고 불렀다. H는 Hard를, B는 Black 혹은 Bold를 뜻하는데 이것이 오늘날 가장 흔히 쓰이는 연필심 구분법의 바탕이 된다.

퍼펙트 펜슬 9000Perfect Pencil 9000은 쓰기, 지우기, 깎기, 보관하기를 한 번에 할 수 있는 제품으로 지우개가 달린 연필과 연필깎이가 내장된 뚜껑으로 구성된다. 연필의 길이는 13cm로 다소 짧지만 뚜껑을 연필 뒤에 끼워 쓸 수 있고, 뚜껑에는 클립이 달려 재킷 안쪽이나 노트의 표지에 꽂아 소지하기에도 좋다. 차분하고 묵직한 녹색의 연필은 심이 쉽게 뭉툭해지지 않고 품질이 뛰어나 줄곧 스테디셀러였으며 곧 연필의 짙은 녹색은 파버카스텔의 상징이 된다.

파버카스텔에 따르면 '퍼펙트'는 단어 그대로 완벽을 뜻하기도 하지만 완전히 새로운 제품이라는 의미도 담는다. 평범하고 사소한 물건인 연필 한 자루를 위해 오랜 시간 쌓아온 파버카스텔의 전통과 자부심이 담겨 있기에 퍼펙트 펜슬이라는 이름이 더없이 잘 어울린다.

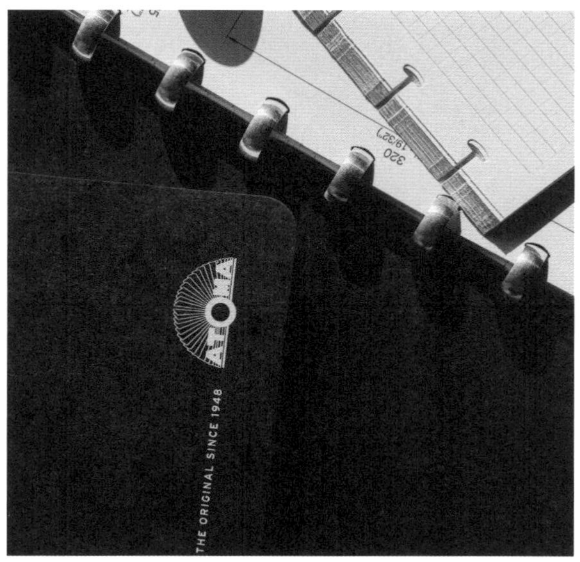
THE ORIGINAL SINCE 1948
ATOMA
320
19/32"

디스크 바인딩 노트

ATOMA Notebooks

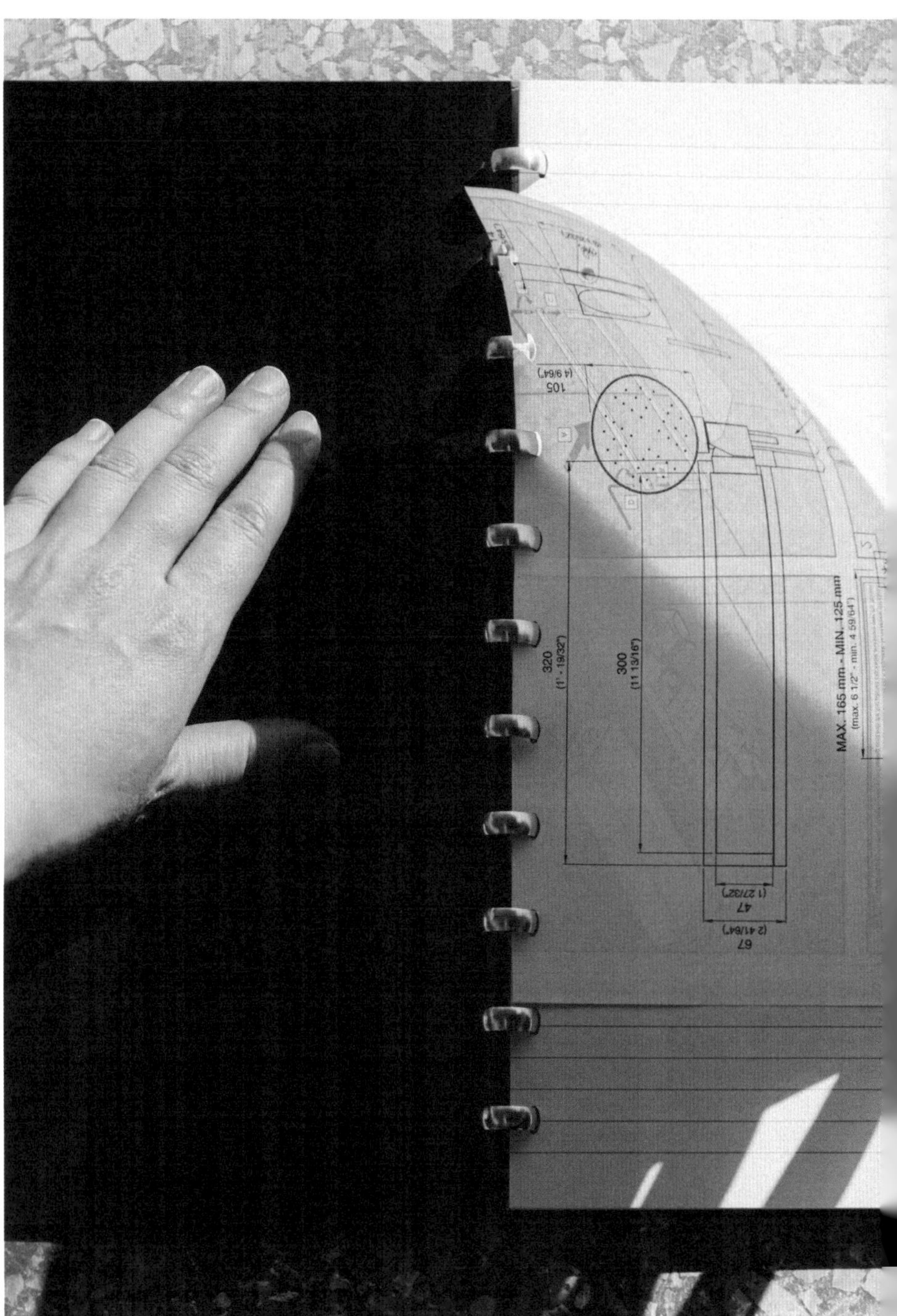

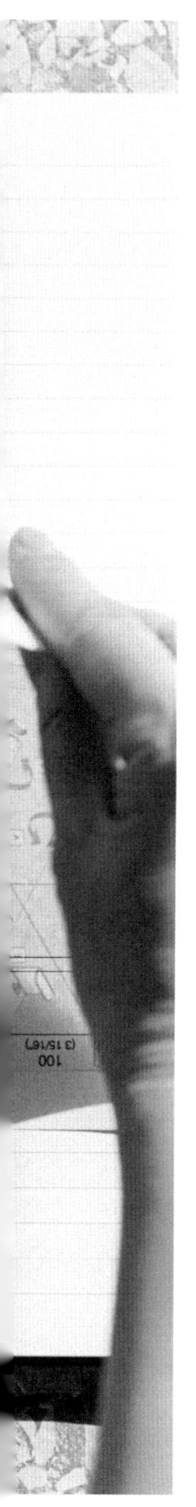

단정한 필기에 대한 욕심이 클수록 노트는 엉망이 되었다. 글씨체가 마음에 들지 않아서, 글자 끄트머리에 매달린 잉크가 지저분해서, 내용을 정리한 방식이 효율적이지 않아서 등 수십 가지의 사소한 이유로 노트 한 장을 다 채우지 못하고 족족 찢었다. 펜으로 쓰다가 고치려면 줄을 긋거나 수정액으로 지워야 하는데 그 흔적마저 거슬렸다. 어쩌다 간신히 한 쪽을 채워도 종이 뒷면에 잉크가 비쳤다. 여러 장이 찢겨나간 노트는 결국 서랍 속에 봉인되었다. 「사랑은 연필로 쓰세요」에서 가수 전영록은 사랑이 진할수록 이별도 아프니 사랑은 연필로 쓰라 했던가. 필기가 사랑보다 어려웠던 터라 사랑뿐 아니라 일기도, 노트도, 플래너도 모두 연필로 적어야 했다. 아토마 노트ATOMA Notebooks를 알게 되기 전까지는 말이다.

벨기에 브뤼셀의 종이 제조업체인 파페테리에 모타르Papeteries G. Mottart는 앙드레 토마André Tomas와 앙드레 마르탱Andre Martin에게 여러 용도로 쓰일 수 있는 노트 디자인을 의뢰했고, 두 사람은 작은 원반을 이용해 종이를 끼우는 디스크 바인딩 시스템을 고안한다. 디스크 바인딩 시스템은 테두리가 살짝 높은 납작한 원반을 T자 모양의 홈이 난 종이에 맞물리는 방식으로 종이 한 장 한 장을 흔적 없이 쉽게 떼어내고 다시 끼워 넣을 수 있었다. 이 새로운 제본 방식은 특허를 취득했고, 1948년에 앙드레 토마와 앙드레 마르탱 이름의 첫 자인 A와 성의 첫 두 글자씩인 TO와 MA를 합한 아토마가 설립된다.

아토마의 노트는 원반, 표지, 내지와 펀치로 구성된다. 필요에 따라 다양한 내지를 원반에 끼워 나만의 노트 한 권을 완성하는 시스템이다. 매일 다른 수업 시간표에 맞춰 노트를 한 권만 준비할 수도 있다. 일반 수업을 위한 유선지, 수학 공부에 필요한 모눈지, 음악 수업을 위한 오선지, 자유롭게 쓸 수 있는 무선지를 몇 장씩 더해 한 권을 구성하면 하루의 수업에 필요한 노트가 모두 해결되어 책가방이 한결 가볍다. 학교에서 받는 통지서, 스크랩한 잡지나 인쇄물은 아토마 전용 펀치로 T자 구멍을 내 원하는 곳에 간편하게 끼워 넣으면 된다. 노트를 자유롭게 구성할 수 있다는 장점도 크지만 종이의 품질도 뛰어나다. 내지는 일반 노트보다 밀도가 높아 만년필이나 볼펜의 잉크가 균일하게 스며들고, 연필심은 번짐 없이 깔끔하게 마무리된다. 시간이 지나도 색바램이 없다. 표지는 마찰과 습기에 강한 텍슨 재질로 만들어져 오래 쓸 수 있다.

아토마는 벨기에에서 노트를 칭하는 대명사로 통할 정도로 사랑받는다. 특허의 효력이 종료된 1990년대 중반부터 아토마의 디스크 바인딩 시스템을 모방한 여러 브랜드가 생겨났지만 아토마는 이후에도 변함없이 높은 판매율을 보이며 여전히 벨기에의 국민 노트로 여겨진다. 이는 품질에 대한 브랜드의 자신감, 작은 차이를 알아보는 고객의 감각, 오리지널의 가치를 인정하는 문화가 함께 이룬 것이기에 더욱 빛난다.

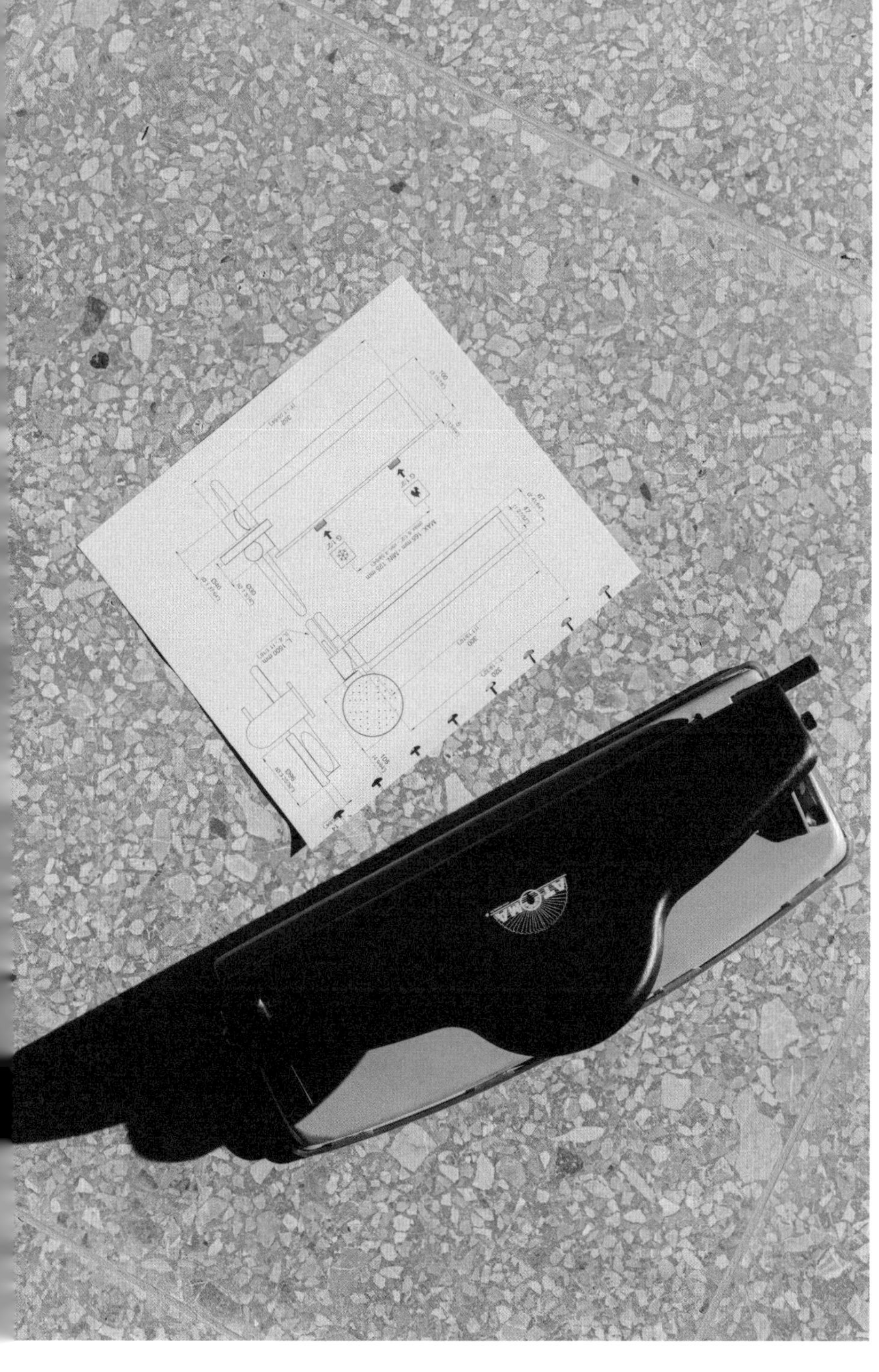

ATOMA
ATOMA COPY-BOOK - THE ORIGINAL SINCE 1948
320
19/32")

ATOME
47
67
(2 41/64")

April

봄날의 향취

찬란한 봄이 제 향기를 잃었다!

Le Printemps adorable a perdu son odeur!

- 샤를 보들레르Charles Baudelaire『악의 꽃』

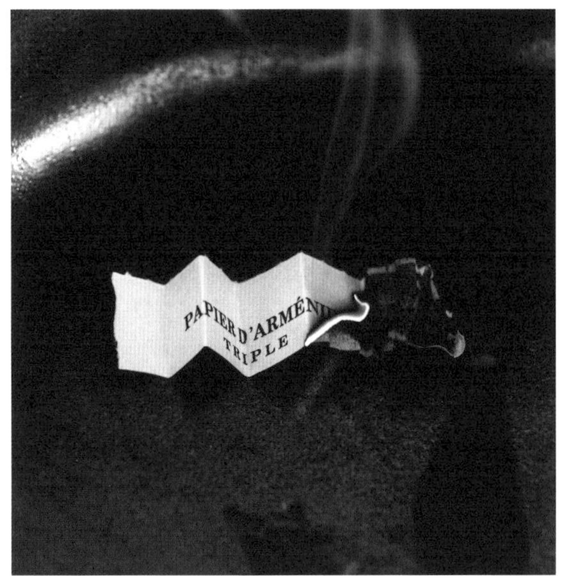
PAPIER D'ARMÉNI
TRIPLE

페이퍼 인센스

Papier d'Arménie

향을 남기고 자신은 재로 변하는 종이가 있다. 손가락 하나 크기의 기다란 종이를 접어 불을 붙이면 강한 향을 발산하고 점차 사그라든다. 연기를 타고 퍼지는 향을 바라보고 있으면 걱정 또한 사라진다.

1885년 프랑스 화학자 오귀스트 퐁소Auguste Ponsot는 아르메니아를 여행하던 중 사람들이 벤조인을 태워 실내 공기를 정화하는 모습을 보았다. 바닐라와 발사믹의 베이스 노트를 가진 벤조인은 마음을 진정시키는 효과가 있어 종교의식에서 사용하는 향의 주요 성분이다. 말레이시아에서는 벤조인을 쌀 수확기에 악령을 쫓는 의식에서 사용하고 인도에서는 신성한 향으로 여겨 시바 신에게 헌정한다. 수 세기 동안 자연 살균제로 쓰이기도 했으며 천식에서 우울증까지 다양한 증상을 치유할 때도 이용되었다.

여행에서 돌아온 오귀스트 퐁소는 약사 앙리 리비에Henri Rivier와 함께 아르메니아의 종이라는 뜻의 최초의 종이 인센스인 파피에 다르메니Papier d'Arménie를 만든다. 소나무 송진처럼 때죽나무의 껍질에서 채취하는 벤조인은 공기와 닿으면 딱딱하게 굳어지는데 오귀스트 퐁소와 앙리 리비에는 단단해진 벤조인을 90도의 에탄올에 용해하여 액화하는 데 성공하였다. 그들은 향료 추출물을 첨가한 벤조인 혼합물에 종이를 담갔다. 이후 침지, 건조, 손질의 단계를 차례차례 거친 후 종이를 압축하고 재단하여 향을 담은 종이를 선보였다. 손바닥보다 작은 파피에 다르메니는 여섯 달의 제조 과정을 거쳐 비로소 온화한 향과 마호가니색을 머금는다. 삼백 년 전 여행자의 기억에 새겨졌던 벤조인의 신비로움은 파리 외곽 몽루주에서 한 장씩 뜯어 쓰는 작은 책이 되어 모습을 드러낸다.

전통적인 인센스가 의식적인 면이 강하다면 파피에 다르메니는 기능에 중점을 둔다. 작은 책자에서 한 칸을 떼어 아코디언 모양으로 접은 다음 종이 끝에 불을 붙인다. 종이를 식염수에 적시는 과정을 거쳐 불꽃이 튀지 않고 사소히 연소하므로 불길이 커질까 긴장하지 않아도 된다. 불이 사그라들며 천천히 타들어 가는 종이가 발산하는 벤조인 향은 집에 짙게 배인 생활의 흔적을 지운다.

PAPIER D'ARMÉNIE
TRIPLE

PAPIER D'ARMÉNIE
TRIPLE

문진

Dandelion

민들레 시계가 등장하는 영국 동화°가 있다. 민들레 꽃이 지고 나면 줄기 끝에 피어오르는 하얀 솜털 공을 민들레 시계라 부르는데, 이 재미난 명칭은 민들레 씨앗을 불어 시간을 맞추는 놀이에서 유래했다. 동화에서 아이들은 들판과 계곡에서 한참 뛰어놀다가 시간이 궁금해지면 지천으로 널린 민들레를 뽑아 들고 후우 불었다. 단 한숨에 갓털이 모두 흩어지면 한 시라 하고, 세 번을 후후후- 불어서야 모두 날아가면 세 시라 쳤다. 누군가 말도 안 되는 이야기라고 따지려들면 이건 요정의 시간이라고 우겼다.

아이의 얕고 부드러운 입김을 타고도 저 멀리 날아갈 만큼 솜털처럼 가벼운 민들레 씨앗이 역설적이게도 종이가 바람에 날리지 않도록 눌러두는 묵직한 문진으로 만들어졌다. 열린 창 사이로 불어오는 바람에 서류와 냅킨 등을 붙잡아두는 것이 문진의 목적이지만 이 민들레 문진을 가만히 바라보고 있으면 바람에 살랑거리던 마음까지 차분해진다.

하포드 그레인지Hafod Grange의 창립자 배리 니덤Barry Needham은 1968년 친구와의 내기를 계기로 민들레 씨앗을 생생하게 보존하는 방법을 연구하기 시작했고 여러 차례 시도 끝에 고유의 기술을 개발했다. 씨앗을 건조시킨 후 그 위에 투명한 폴리에스터 레진을 붓고, 여기에 UV 필터를 더해 씨앗 고유의 빛깔이 변하는 것을 방지하는 방식이었다. 씨앗은 구 형태에 담아 사방에서 볼 수 있게 했다. 송송히 돋은 민들레 씨앗의 갓털은 현미경을 갖다 댄 듯 한 올 한 올 선명하다.

° 1884년 출판된 Juliana Ewing의 『Mary's Meadow』.

오십여 년이 지났지만 배리 니덤의 가족은 여전히 영국 남동쪽에 자리 잡은 하포드 그레인지 지역에서 문진을 제작하고 있다. 회사의 이름처럼 이 지방의 산과 들판, 숲, 정원에서 손으로 채취한 식물로만 문진을 만든다. 민들레 씨앗을 비롯하여 여러 꽃을 자연에서 채취한 상태 그대로 보존하기 때문에 문진에 담긴 꽃의 생김새가 제각각이다. 문진을 가득 메운 민들레 씨앗의 가냘픈 갓털이 어찌나 섬세하고 생생한지 마치 금방이라도 바람에 날려 씨앗을 내릴 여행을 떠날 듯하다.

아로마 스톤

Duftstein

Aēsop.
OIL BURNER BLEND

향수를 가리키는 단어 'Perfume'은 라틴어의 '통해서'를 의미하는 'per'와 '연기'를 뜻하는 'fumus'가 더해진 것이다. '연기를 통해서'라는 말밑처럼 향수는 수천 년 전 신에게 제물로 바치던 동물 사체의 냄새를 없애기 위해 나무와 잎을 태웠던 종교의식에서 유래했다. 이후 향을 내는 목적과 방식이 다양해져 불을 피우지 않아도 향을 즐기게 되었고, 더 나아가 종교의식이나 상류층을 위한 사치품이 아닌 모두가 쉽게 접할 수 있는 생활품이 되었다.

신에게 닿고자 했던 인간의 애틋한 갈망에서 유래해서일까. 여전히 향은 사람의 감정을 흔드는 미묘한 매개체로 여겨진다. 로마의 장군 안토니우스를 매혹했던 클레오파트라의 장미 향처럼 때로는 누군가의 마음을 사로잡고, 마르셀 프루스트Marcel Proust의 소설 『잃어버린 시간을 찾아서』에서 마들렌 향처럼 때로는 깊이 가라앉았던 기억을 이끌어낸다. 아로마세러피에서는 식물의 향에서 안정과 위안을 구하기도 한다. 향과 관련된 제품이 세련된 패키징을 내세우는 것도 향이 감성에 호소하기 때문이리라.

이와 달리 파이퍼-게르하르츠 케라믹Pfeiffer-Gerhards Keramik이 만드는 두프트슈타인Duftstein은 수수하다. 손바닥만 한 원형의 납작한 돌 두 개가 포개진 것이 전부이다. 오목한 현무암 받침 위에 미색의 다공성 점토가 올려진 이 아로마 스톤에 에센셜 오일 서너 방울을 떨어뜨리면 향이 그윽하게 배어 나와 공간을 채운다. 화재의 위험 때문에 향초를 사용하기 조심스러운 환경이나 강한 향보다 은은한 향을 원할 때 더할 나위 없다. 넓은 장소보다는 작은 공간에 알맞아 책을 읽거나 간단한 스트레칭을 할 때, 혹은 잠자리에 들기 전 옆에 두기 좋다.

파이퍼-게르하르츠 케라믹은 1892년부터 변함없이 독일 서부에 위치한 숲, 베스터발트의 흙과 돌을 손으로 매만져 제품을 빚는다. 온전히 기본에 충실한 아로마 스톤은 전통에 대한 자부심과 최상의 재료만을 사용한다는 정직한 원칙을 담고 있다.

KAUFMANN
75 ml (2.5 FL OZ)

필로우 스프레이

Kissenspray beruhigend

KAUFMAN
beruhigend
Spray calming
(2.5 FL OZ)

잠들기 전 침대 시트를 따스하고 바삭하게 다림질하던 어느 소설 속의 인물처럼 기분 좋은 수면을 위한 각자의 의식이 있다. 소음과 조도를 낮추고 쾌적한 온습도를 유지하며 단잠에 들기를 기다리지만 모두가 편안한 밤을 보내는 것은 아니다. 때로는 어지러운 생각에 밤새 뒤척이느라, 때로는 유쾌하지 못한 꿈속을 헤매느라 고된 아침을 맞곤 한다.

1892년 우체국장이었던 요한 나터Johann Natter는 오스트리아 브레겐츠에 우체국을 열었다. 당시의 우편 마차는 하루에 최대 100km까지 우편물뿐 아니라 사람도 실어 나르는 중요한 육로 이동수단이었다. 그는 긴 여정에 지친 승객들이 머물 수 있도록 우체국 옆에 작은 여관도 함께 차렸다.

알프스 서쪽 알파인계곡에 위치한 브레겐츠숲은 고도가 높고 지형이 험하다. 접근이 어려워 전통적인 농업 구조를 오랫동안 지켜온 이 지방에서는 강하고 풍부한 식생을 바탕으로 한 자연 의학이 발달했다. 이곳에서 나고 자란 수잔네 카우프만Susanne Kaufmann은 그녀가 스물세 살이던 1994년에 우체국 옆에 있던 여관을 이어받아 휴식을 주는 호텔로 개조한다. 그리고 그로부터 십 년 후 전통 의학과 자연치료의 지혜를 기반으로 자신의 이름을 딴 코스메틱 브랜드를 만들었다.

아르니카, 로즈메리, 캐모마일, 라벤더, 멜리사 등 수잔네 카우프만의 제품에 사용된 대부분의 허브는 호텔 옆에 자리한 정원에서 재배된다. 정원사는 달의 움직임에 따라 씨앗을 심는 시기를 결정하고, 서로 가까이서 자라나면 좋은 식물끼리 모아 키운다. 그렇게 소중하게 가꿔 마치 브레겐츠숲이라는 거대한 자연을 유리병 한 병에 담아내려는 듯 자연의 순리를 그대로 따라 제품을 만든다.

잠에 들지 못하는 밤이면 수잔네 카우프만의 필로우 스프레이를 살짝 뿌린 베개에 얼굴을 묻고 눕는다. 잔잔한 라벤더와 오렌지 오일의 향이 하루의 긴장을 풀어준다. 오래 전 여행자에게 편안한 잠자리를 제공했던 우체국 옆 여관처럼 수잔네 카우프만의 필로우 스프레이는 밤의 느른함을 달래준다.

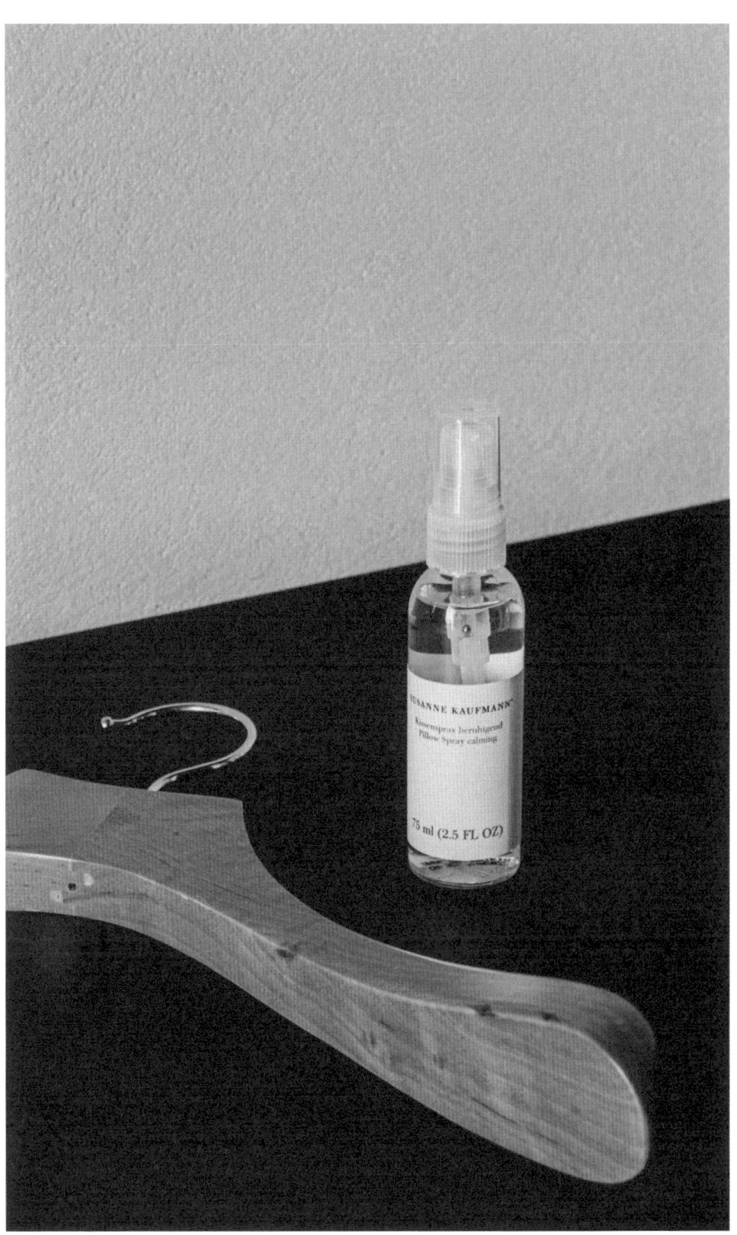
SUSANNE KAUFMANN
Kissenspray beruhigend
Pillow Spray calming
75 ml (2.5 FL OZ)

May

초대하는 날

소설『소공녀』의 주인공인 세라는 부잣집 외동딸로 모두의 관심과 부러움을 받았지만 열한 살 생일에 갑작스레 아버지가 돌아가시면서 하루아침에 다락방 하녀 신세가 된다. 세라의 처지가 바뀌자 기숙학교 선생은 돌변해 세라에게 갖은 구박을 일삼았다. 그날도 온종일 이어지는 고된 심부름을 끝내고 늦저녁이 되어서야 낡고 초라한 다락방에 돌아왔다. 춥고 배가 고파 흐느끼며 잠이 든 소녀가 아침에 눈을 떴을 때, 다락방은 완전히 달라져 있었다. 차가운 마룻바닥에는 빨간 양탄자가 깔리고 허름한 벽은 아기자기한 소품으로 장식되었다. 타오르는 난롯불 옆에는 작은 탁자가 놓였고 근사한 식기에 차려진 아침 식사는 아직도 따뜻했다. 세라는 그간의 외로움을 까맣게 잊을 만큼 기운을 얻는다.

이른 아침부터 활기가 넘치는 5월 장터에 나가 푸르른 제철 채소와 화사한 봄꽃을 고른다. 소녀 몰래 다락방을 꾸미고 식사를 준비했던 옆집의 인도 아저씨가 되어, 가까운 이에게 정성이 담긴 한 끼를 대접하고 싶다.

꽃병

Aalto Vase

1931년에 핀란드의 금주법이 폐지되고 몇 해 지나 헬싱키 중심부에 레스토랑 사보이가 문을 연다. 에스플라나디 공원이 한눈에 내려다보이는 사보이는 늘 명사들로 가득했다. 핀란드의 대통령 칼 만네르헤임Carl Mannerheim도 곧잘 이곳에서 식사했다. 그는 매번 같은 자리에 앉아 넘치도록 가득 채운 독주 한 잔과 청어를 곁들인 양고기 요리를 주문했다. 다른 자리처럼 그의 테이블에도 구불어진 호숫길을 닮은 꽃병 하나가 놓여 있었다. 화병은 레스토랑의 이름을 따 사보이 베이스라 불렀다.

꽃병의 본래 이름은 알토 베이스Aalto Vase이다. 레스토랑의 내부를 디자인한 건축가 알바 알토Alvar Aalto가 1936년 이딸라Iittala의 전신인 카홀라-이딸라 글라스웍스Karhula-Iittala Glassworks 주최의 공모전에 출품한 디자인으로, 공모전에서 1등을 하며 1937년 처음 대중에게 선보였다.

크고 작은 곡선이 부드럽게 이어지는 꽃병의 형태는 엄격한 기능주의로 대변되던 당시의 시대사조에 큰 반향을 일으켰다. 기능에 따라 형태를 결정하고 장식은 최대한 자제하며, 콘크리트, 철근 등 차가운 물성의 재료를 주로 사용했던 모더니즘 건축은 지나치게 인위적이고 삭막하다는 비판을 받기도 했다. 반면 알바 알토는 단순하고 군더더기 없는 디자인을 하면서도 사람과 삶, 자연의 조화를 추구했고 따뜻한 느낌을 주는 목재와 벽돌, 도자 타일에 주목했다. 건축 역사학자이자 비평가인 지크프리트 기디온Sigfried Giedion은 그의 저서 『공간, 시간, 건축』의 개정판에서 알토 베이스와 알바 알토가 설계한 뉴욕세계박람회의 핀란드 파빌리온 평면을 핀란드 호수와 비교한다. 그리고 핀란드의 자연을 닮은 알바 알토의 작업이 모더니즘에 새로운 방향을 제시한다고 평한다. 그의 말처럼 알바 알토는 삶을 그렸다. 건축뿐 아니라 가구와 조명을 비롯한 작은 소품까지 직접 디자인한 것도 아마 그런 이유일 것이다.

알토 베이스는 1936년부터 오늘날까지 핀란드에서 가장 오래된 유리 제품 생산 업체인 이딸라가 제작하고 있다. 유리공예 장인은 고온에 달궈져 말랑해진 유리 덩어리를 쇠 파이프에 말아 올린 후, 파이프에 입김을 불어넣어 덩어리를 부풀린다. 처음에는 나무 거푸집을 사용했고 유리가 식어 굳어지면 거푸집은 불에 태워 제거했다. 그 때문에 당시에 제작된 꽃병에서는 나무의 결이 보이고 바닥과 옆면이 이어지는 모서리도 둥글다. 1954년부터는 무쇠 거푸집으로 바꾸면서 화병의 표면이 매끄러워졌다. 세세한 과정은 달라졌지만, 알토 베이스의 유려한 곡선을 유리로 구현하기란 여전히 쉽지 않아 일곱 명의 장인이 열여섯 시간에 걸쳐 작업해야 비로소 하나의 알토 베이스가 완성된다.

꽃병에는 호숫가에서 자라는 들꽃처럼 자연스럽게 꽃이 자리를 잡는다. 부드럽게 흐르는 곡선마다 꽃이 놓이는 모습이 달라져 그 아름다움을 더 풍부하게 감상할 수 있다. 우연히도 '알토Aalto'는 핀란드어로 파도를 의미한다. 굽이치는 파도를 닮은 알토 베이스가 식탁에 생생함을 더한다.

STAUB

냄비 받침

Untersetzer L

부족한 솜씨에도 반가운 손님에게 따뜻한 요리를 먹이고 싶어 요리책을 뒤적인다. 조리 과정은 간단하지만 그럴듯한 결과를 낼 수 있는 요리법을 골랐다. 음식은 완성될 기미를 보이지 않는데 야속하게도 시간은 자꾸 흐른다. 언제나 예상보다 오래 걸린다는 걸 알면서도 미리 만들면 맛이 덜할까 싶어 손대지 못했다. 가진 살림 중 가장 아름다운 그릇만 골라 내 상을 차린다. 얼룩 없이 깨끗이 빨아 바삭하게 다린 식탁보에 반질반질하게 닦은 수저를 가지런히 놓고 그릇과 잔을 올려둔다. 호텔이 지난 투숙객의 흔적을 지우고 새로운 손님을 맞이하듯 최대한 새것처럼 정갈하게 차려낸다. 오늘의 요리를 올릴 냄비 받침의 검게 그을린 자국만이 그간 집에 사는 사람들이 식사했던 흔적을 보여준다.

곧게 자른 나무막대 열네 개를 나사로 이어 만든 이 냄비 받침은 꾸밈없는 생김새 속에 여러 매력을 지녔다. 냄비마다 하나씩 깔아야 하는 다른 받침과 달리 80cm까지 늘어나 두세 개의 냄비를 나란히 올려둘 수 있다. 식사 후에는 손바닥만하게 접어 서랍 안에 넣어 보관한다. 가스레인지 옆의 조리 공간에 펼쳐두면 달궈진 팬이나 주전자를 옮겨두고 다음 과정을 시작하기 편리하다. 습기와 휨에 강한 호두나무로 만들고 오일로 가볍게 마무리해 완성한 냄비 받침은 나무 고유의 부드러운 질감과 향을 그대로 간직한다. 게다가 제품마다 색과 결이 모두 달라 각각의 멋이 있다.

기능이나 소재는 물론이고 제작에 담긴 이야기도 특별하다. 2001년 독일 바이에른에 위치한 한 자선단체에서 디자이너들과 협력하여 사이드 바이 사이드Side by Side 회사를 세웠다. 이들은 라우블링에서 일하던 목공인들과 지적, 신체적, 정신적 장애가 있던 사람들을 고용했다. 사이드 바이 사이드는 이들에게 안정된 일자리를 제공하여 다양한 사람들이 사회생활에 참여할 수 있도록 이끈다. 함께 생산한 제품에서 창출되는 수익은 모두 임금으로 되돌아간다.

'나란히' 또는 '함께'를 의미하는 회사의 이름처럼 사이드 바이 사이드의 냄비 받침에는 어울려 사는 삶을 추구하는 선한 의지가 담겨 있다. 그래서일까. 소중한 사람들과 음식으로 마음을 나누는 식탁이 한결 포근해지는 듯하다.

우든 트레이

Turning Tray

매주 미술관을 찾을 만큼 예술을 사랑했던 열다섯 살 소년이 있다. 미술사가를 꿈꿨지만 아버지의 반대로 건축 대학에 입학한 그는 이후 스승의 건축 사무소에 일하면서 틈틈이 의자를 디자인했다. 가구공 길드가 주최하는 전시에서 선보인 그의 의자는 차츰 반향을 일으켰고 자신의 사무실을 차린 1945년부터는 마치 어릴 적 꿈을 되찾으려는 듯 그림과 조각처럼 색감과 조형미가 돋보이는 가구를 만들었다. 그리고 점점 건축가보다 가구 디자이너로 더 잘 알려지게 된다. 1930년대부터 1960년대 말까지 아르네 야콥센Arne Jacobsen, 한스 베그너Hans Wegner, 뵈르게 모겐센Børge Mogensen과 함께 덴마크 모던 디자인의 전성기를 이끌었던 핀 율Finn Juhl의 이야기다.

핀 율은 견고한 티크나 호두나무를 사용해 곡선으로 가구 뼈대를 짜고 등받이나 좌석처럼 넓은 면에는 선명한 단색의 패브릭을 입혔는데, 이런 특징은 1956년에 디자인한 터닝 트레이Turning Tray에서도 드러난다. 그는 직사각형의 트레이에 별도의 손잡이를 다는 대신에 프레임의 양 측면을 오목하게 깎아 안정감 있게 잡을 수 있게 했고, 모서리는 부자재 없이 나무와 나무가 깍지를 낀듯한 도브테일 방식으로 곧고 매끈하게 이었다. 덕분에 트레이를 잡는 손에 묵직한 티크의 질감이 그대로 전달된다. 물건을 놓는 트레이의 앞면과 뒷면은 래미네이트 처리되어 은은한 광택이 흐른다.

앞뒤의 두 색을 돌려가며 다른 분위기를 연출할 수 있어서 터닝 트레이라 불리는데 차분한 검은색은 늦저녁에 술 한 잔과 안주를 올리기에 좋다면 반대쪽 면은 느긋한 오후의 티타임에 잘 어울린다. 한 면은 깊은 검은색이지만 다른 한 면은 그 어느 색도 쉽게 이름 붙일 수 없이 묘하다. 세월을 담은 듯한 바랜 흰색, 짙고 강렬한 붉은색, 맑은 하늘을 닮은 푸른색, 그리고 안개가 낀 듯한 흐린 녹색으로 설명할 수 있을까.

핀 율의 터닝 트레이를 제작하는 덴마크의 아키텍트메이드Architectmade는 핀 율을 비롯한 덴마크의 여러 건축가가 디자인했던 물건을 제작한다. 건축뿐 아니라 일상의 사물에도 담긴 건축가들의 신념을 대신 전하려는 듯이 작은 부분까지 정교하게 재현해 낸다. 트레이의 한쪽 모서리에 작게 새겨진 그의 시그니처가 손끝에 스친다.

오벌 트레이

Ovales Serviertablett

해가 높고 바람이 적당해 야외에 앉아 커피 한 잔을 주문했다. 잠시 후 은빛 트레이에 커피와 물 한 잔, 작은 초콜릿이 곁들여져 나온다. 오래 사용한 흔적에도 불구하고 잘 닦인 은색 트레이가 반짝인다. 황송함에 옷매무새를 가다듬고 허리를 세워 앉았다. 여러 명이 마실 것을 주문해도 각자의 커피는 우아하게 각각 트레이에 담겨 테이블 위에 놓인다. 이름이 적힌 고운 선물을 받는 듯 기분이 좋아지는 대접이다. 과거 빈의 유서 깊은 카페하우스에서 시작된 나름의 서비스는 이제 유럽 곳곳의 캐주얼한 카페와 이탈리아 아이스크림 가게에서도 쉽게 찾아볼 수 있다. 카페에서 많이 보이는 듀라렉스Duralex 컵과 설탕 통처럼 오벌 트레이는 특정 공간을 상징하는 사물이 되었다.

과거의 유럽으로 여행을 간 느낌을 자아내는 이 트레이는 쓸모 있고 아름답다. 테두리는 잡기 편한 방향으로 살짝 들어 올려져 있어 손가락 끝으로 잡아도 무리가 없다. 또 바닥 면이 뒤틀리지 않도록 두꺼운 금속으로 제작되어 안정적으로 음료를 나를 수 있다. 무엇보다 찌그러지거나 깨지지 않고 차곡차곡 쌓을 수 있어 많은 사람의 손을 타는 가게에 특히나 적합하다. 음료 한 잔과 물 한 컵, 작은 스푼을 놓으면 딱 맞는 크기로 샌드위치 같은 간단한 식사나 디저트, 치즈를 올려 내기에도 멋스럽다. 사용할수록 많아지는 잔금은 사용자의 시간까지 담는다.

1924년 설립된 노이만 금속제품회사는 칼 제조로 유명한 독일의 졸링겐 지역을 기반으로 카페와 아이스크림 가게에서 사용하는 식기를 만든다. 창업자인 프리츠 노이만Fritz Neumann은 원래 다른 회사에서 만든 기성 제품을 판매하였다.

커피와 디저트를 좋아했던 그는 관련 도구를 직접 만들기로 결심하고, 1930년대 초부터 가게에서 사용하기 좋은 아이스크림 컵과 스푼, 트레이, 설탕 집게 같은 제품을 생산한다. 용도가 다른 약 사십여 가지의 제품은 모두 18/10 스테인리스 스틸 단 하나의 재료만으로 제작되는데 높은 품질과 실용성 덕에 제품의 명성이 이탈리아까지 전해졌다. 누군가를 만나 느긋하게 이야기 나누는 빈의 카페하우스보다 선 채로 재빨리 마시고 떠나는 에스프레소 바가 보편적이었던 이탈리아에서는 오벌 트레이가 젤라또 가게를 중심으로 아이스크림 컵과 짝을 이루어 쓰였다.

이제는 프리츠 노이만의 두 아들이 아버지의 일을 잇고 있다. 작은 회사에서 수많은 단계를 거쳐 완성되는 아름다운 금속의 물건은 우리를 과거의 유럽으로 데려간다.

June

생활의 별책 부록

필수품은 아니지만 가지고 있으면 한결 편한, '생활의 별책 부록' 같은 물건이 있다. 때로는 별책 부록이 본지보다 더 알차고 재미있는 법. 이 작은 도구들을 눈여겨봐야 하는 이유다.

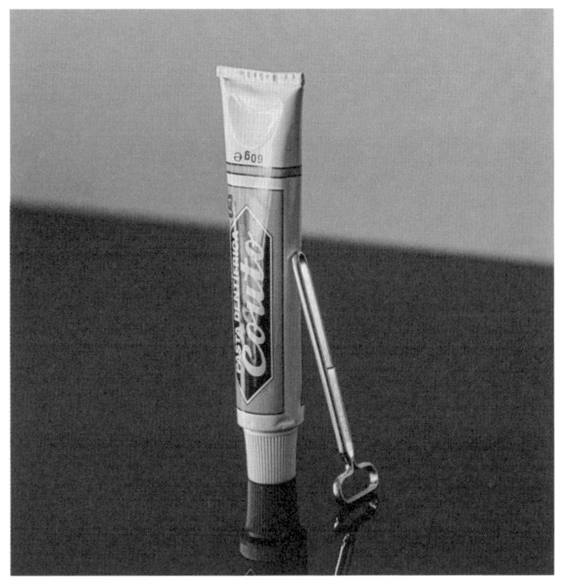

튜브 말이

Tubenschlüssel

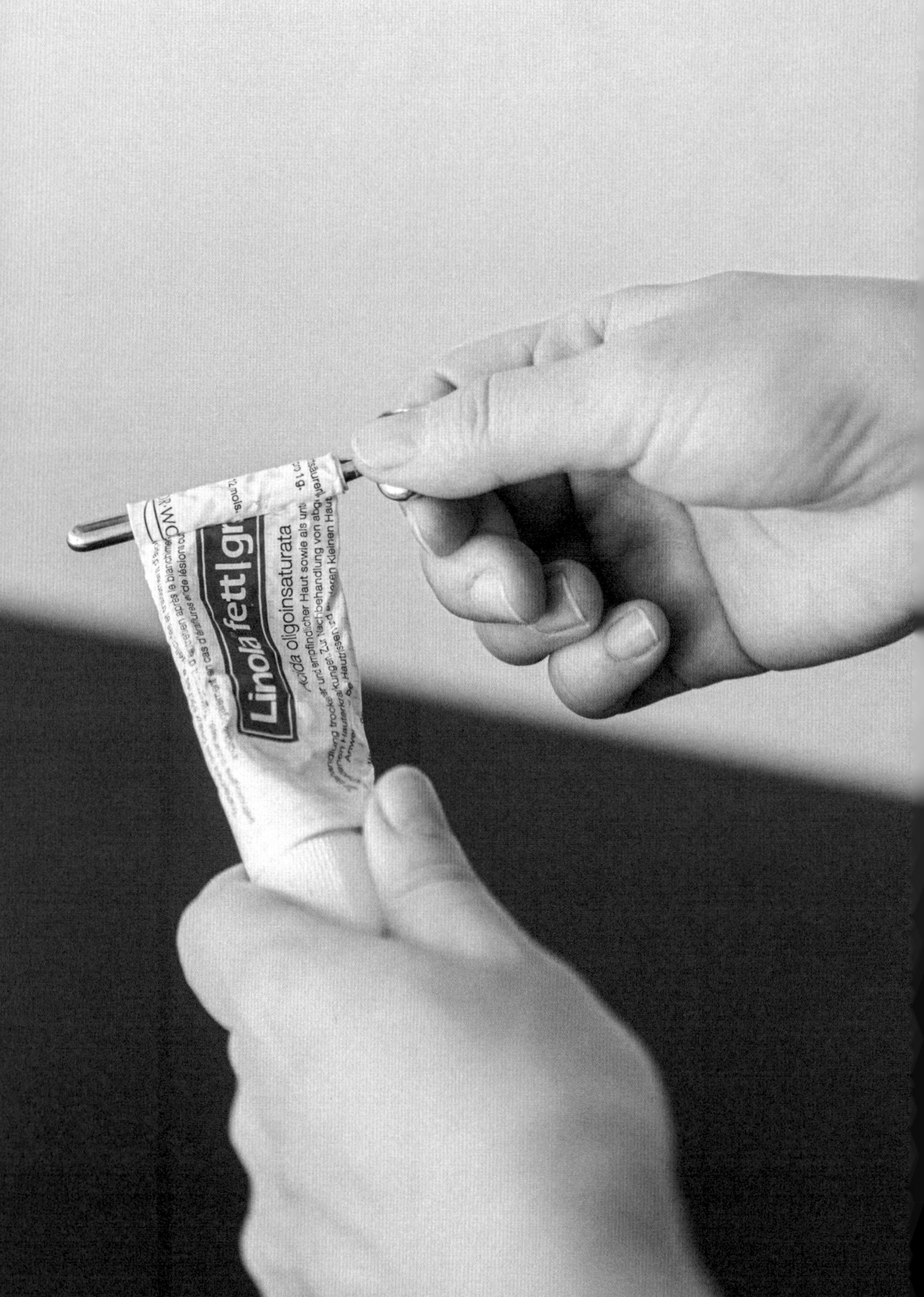
Linola fett
Acida oligoinsaturata

오늘날에는 상상하기 어려운 일이지만 돼지 방광 주머니는 17세기까지 물감을 보관하는 데에 쓰였다. 다만 돼지 방광 주머니에 담긴 유화 물감은 쉽게 굳었기 때문에 당시 화가들은 매번 색소를 손으로 갈고 기름과 섞어 새 물감을 만들어야 했다. 1841년에 이르러 초상화가였던 미국의 존 랜드John Rand가 주석 튜브를 발명하며 상황은 달라진다. 손가락 힘만으로도 접힐 만큼 얇은 주석으로 만든 튜브에는 뚜껑이 달려 물감의 보관과 운반이 수월해졌다. 튜브에 물감을 담아 대량으로 생산하는 회사가 생기면서 화가들이 그리는 대상도 달라졌다. 이제 화가들은 간편하게 물감을 비롯한 화구를 챙겨 야외로 나가 그림을 그릴 수 있게 되었고 즉흥적으로 색을 골라 칠했다. 물감의 공급이 늘어났으니 부담 없이 물감을 덧바를 수도 있었다. 인상주의를 이끌었던 르누아르가 튜브 물감이 아니었다면 인상주의가 없었을 것이라 말했을 정도다. 시시각각 변하는 빛의 아름다움과 그 아래 펼쳐진 자연을 화폭에 담고자 했던 모네와 세잔, 피사로의 작품은 금속 튜브 덕분에 더 찬란해질 수 있었다.

물감을 시작으로 점차 치약이나 연고처럼 고체와 액체의 중간 정도 되는 제형의 물질이 금속 튜브에 담겨 보급되었다. 금속 튜브는 내용물이 흐르거나 상하지 않게 보관하고 쉽게 운반할 수 있는 장점이 있지만 끝까지 말끔하게 사용하기는 어렵다. 한번 구겨지면 제 모양으로 돌아오지 않고 자칫 잘못하면 옆구리가 터진다. 찢어진 틈새로는 내용물이 하염없이 새어 나온다. 그래서 처음부터 뒷부분을 꾹꾹 눌러가며 쓰는 수밖에 없다. 물론 다들 그렇게 한다면 치약 때문에 싸운다는 그 흔한 결혼생활의 에피소드는 들려오지 않을 것이다.

다행히도 실과 바늘처럼 금속 튜브는 튜브 말이와 짝을 이룬다. 내용물을 뒤에서 앞으로 밀어 고르게 짜주는 이 도구는 종류와 크기, 재질도 무척 다양하다. 1923년 처음 특허에 등록된 이래로 유사한 사례만도 전 세계에 수천 가지가 있을 정도이다. 그중 프리드리히 트루니트Friedr. Trurnit의 튜브 말이는 가장 작고 단순한 형태로 기본적인 기능에만 충실해 군더더기가 없고 조작이 간편하다. 긴 알루미늄 막대를 T자 형태로 구부려 만들어졌는데 튜브의 뒷부분을 막대의 긴 부분에 끼우고 태엽처럼 손으로 돌돌 말면 내용물이 앞으로 밀리면서 튜브가 다시 통통해진다. 낭비도 줄이고 튜브의 접힌 부분이 찢어져 곤란해지는 상황도 막을 수 있다. 팔랑거리는 튜브의 빈 부분은 튜브 말이에 말려들어 가 깔끔하게 보관할 수도 있다.

작은 동그라미로 노트 한 바닥을 가득 채우는 무념무상의 낙서처럼 튜브 말이로 튜브를 말아 치약을 힘껏 밀어내는 일은 희열을 준다. 덩달아 욕실에는 평화가 온다.

Linola fett
BABY
CALENDULA
panthen Salbe
60g
PASTA DENTÍFRICA
Couto

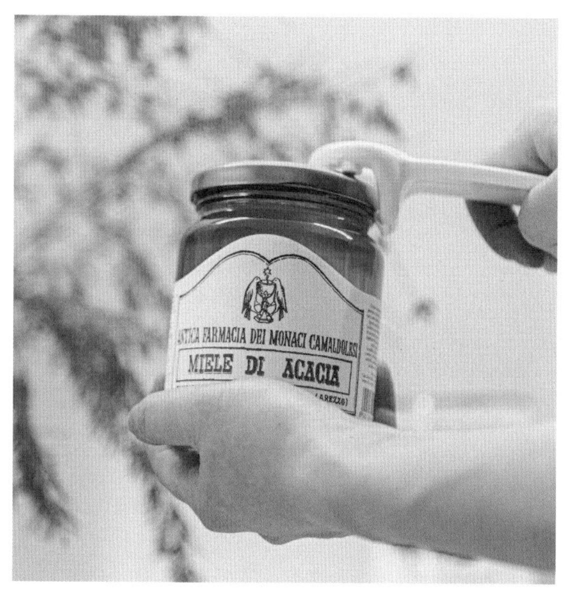
ANTICA FARMACIA DEI MONACI CAMALDOLESI
MIELE DI ACACIA
(AREZZO)

유리병 뚜껑 따개

JarKey

건축법에는 장애인과 노인, 임산부와 같은 사회적 약자를 위한 공간을 보장하는 항목이 있다. 이를테면 일정 규모 이상의 공연장 같은 공공건물에는 임산부와 아기를 위한 휴게 시설을 필수로 갖춰야 한다. 수유실과 기저귀 교환대, 세면대가 설치되는 이곳은 다수를 위한 공간과 이익에 밀려 아쉽게도 옹색한 모습일 때가 많다. 채광도 되지 않는 비좁은 휴게실에서 우는 아이를 달래가며 정신없이 수유하고 기저귀까지 갈아야 하는 부모가 되고 나면, 법의 조건과 수치만 충족시키는 것에서 나아가 좀 더 쾌적한 장소를 마련할 방법을 궁리하게 된다. 이처럼 공감에서부터 좋은 공간이 시작되고, 세심한 애정을 바탕으로 좋은 물건이 만들어진다. 브릭스 디자인Brix Design의 유리병 뚜껑 따개처럼 말이다.

덴마크 엔지니어 헬게 브릭스 한센Helge Brix-Hansen이 병따개에 관심을 갖게 된 계기는 어머니였다. 여든의 노모는 관절염을 앓으면서부터 손의 힘이 현저히 약해져 병뚜껑을 혼자 열 수 없었지만 시중의 병따개는 별 도움이 되지 않았다. 대부분 조작이 복잡해 힘이 많이 들었고 크기가 커서 보관이 불편했다. 뚜껑의 지름이 다르면 사용할 수 없는 제품도 있었다. 어머니를 위하는 마음에 아들은 유리병 뚜껑 따개를 직접 만들기로 한다. 오랜 연구 끝에 헬게 브릭스 한센이 고안한 따개는 병뚜껑을 살짝 들어 올리는 방식이었다. 이 알루미늄 병따개는 병뚜껑의 세 지점에 단단하게 맞물려 손잡이를 조금만 위로 올려도 뚜껑이 쉽게 들리고, 이때 생긴 작은 틈새로 병 안의 공기가 빠져나가면서 내부 압력이 낮아져 최소한의 힘으로 뚜껑을 열 수 있다. 이 병따개는 러그 캡용으로 1995년에 특허를 받았다.

이후 덴마크 디자이너 알프 리메르Alf Rimer가 이를 인체공학적인 형태로 재설계한다. 모서리는 모난 곳 없이 둥글게 하고 손잡이는 살짝 구부려 한 손에 편하게 잡히도록 했다. 병뚜껑에 닿는 부분은 동그란 고리로 만들어 벽에 걸어서 보관할 수 있다. 재질을 ABS 플라스틱으로 변경해 무게와 가격을 낮췄으며 다양한 색으로 제작하여 경쾌한 느낌을 살렸다. 이물질이 묻었을 때 닦기 쉬우며 식기 세척기에 돌려도 된다.

도무지 꿈적하지 않는 뚜껑과 씨름하다 결국은 병 속의 과일잼과 피클을 자린고비의 굴비처럼 쳐다보며 입맛만 다셔야 했던 적이 있을 것이다. 이 작은 도구가 있다면 벽에 병을 두드리거나 뚜껑에 고무줄을 끼워 넣는 수고 없이 '뻥' 하고 뚜껑이 열리는 속 시원한 소리를 들을 수 있다.

병따개마개

Sizzler

유리병에 담긴 맥주나 탄산음료는 유리의 차고 투명한 재질 덕분에 더 맛있게 느껴진다. '짠' 하며 부딪히는 소리도 경쾌하다. 몇 가지 규격으로 통일된 알루미늄 캔과 다르게 유리병은 브랜드마다 색과 모양이 특색 있어 매력적으로 느껴진다. 만듦새가 제각각인 유리병에 딱 한 가지 동일한 것이 있다. 바로 입구를 꽉 잡고 있는 3g의 뚜껑이다. 스물한 개의 톱니가 달린 모습이 왕관을 닮아 크라운 캡이라고 불리는 이 뚜껑은 미국의 윌리엄 페인터William Painter가 고안한 물건이다. 그는 원래 몇 번이고 다시 쓸 수 있는 병마개를 먼저 개발했지만 마개를 재활용하는 과정에서 종종 부서졌다. 게다가 병 안에 담긴 음료의 상태도 믿을 수 없었다. 비싼 술이 들어 있던 빈 병에 값싼 술을 담고 재활용한 마개를 씌워도 구분할 수 없었기 때문이다. 몇 차례의 시도 끝에 결국 재활용 병마개를 포기하고 일회용 병뚜껑으로 방향을 바꾸었다. 병뚜껑 하나로 유리병 세계를 제패한 그도 한번 개봉한 유리병의 입구를 완벽하게 다시 막는 데에는 실패한 셈이다.

기후현에 있는 일본리기공업주식회사日本利器工業株式会社의 병따개마개는 유리병의 뚜껑을 따고 그 입구를 다시 닫을 수 있다. 엄지손가락 크기의 이 도구는 반으로 접혀 있어 한쪽은 따개, 다른 한쪽은 마개가 된다. 마개 부분은 병의 입구를 잡는 두 개의 고정틀과 얇은 듀라콘 고무로 이루어져 있다. 마모에 강해 컨베이어 벨트에 사용하는 이 고무는 오래 사용해도 색이 변하거나 닳지 않는다. 고무와 고정틀이 입구에 단단히 맞물려 특히 탄산음료를 신선하게 보관하는데 유용하다. 열고 닫기가 간편해 탄산이 날아갈까 조급해하지 않고 여유롭게 음료의 맛과 향을 즐길 수 있다. 애매하게 남은 맥주를 보관하기에도 적당하다. 첫 모금의 짜릿한 상쾌함이 마지막 한 입까지 이어져 섬세한 미각을 가진 사람들에게 꼭 필요하다.

서로 다른 기능을 하는 여러 물건을 하나로 합친 제품은 아쉽게도 실망을 안겨줄 때가 많다. 샴푸와 린스를 한 번에 해결할 수 있다더니 개운하지 않고, 지워지는 펜은 눌러 쓴 흔적을 종이에 남긴다. 노트북과 태블릿을 하나에 담았지만 무게도 크기도 성능도 어중간하다. 하지만 이 병따개마개는 다르다. 작고 알차다. 덕분에 우리는 길고 아름다운 여름밤, 톡 쏘는 음료를 어디서든 즐길 수 있다.

WANDERER
KLOSTERLAND BRAUSPEZIALITÄTEN
MONACO
PREMIUM INDIAN
HAKU VODKA
HAKU VODKA

July

청량한 여름

남프랑스에는 이 지역을 잘 아는 이들만 찾는 뷔즈해변이 있다. 아름다운 해안가를 따라 쭉 걸어야 비로소 다다를 수 있는 이 해변에 매료된 르 코르뷔지에Le Corbusier는 1951년 겨울, 해안가 스낵바 구석에 앉아 단 네 평짜리 오두막을 설계한다. 한 변이 4m가 채 되지 않고 높이도 2.26m에 불과한 이 별장에는 침대 두 개와 붙박이 옷장, 선반, 책상과 작은 화장실만 놓였다. 손을 뻗으면 천장에 닿을 듯하고 누우면 발이 벽에 닿을 만큼 집은 작았지만, 작은 창 너머로 짙푸른 바다가 끝없이 펼쳐졌다.

열여덟 해 동안 여름이면 르 코르뷔지에는 이곳을 찾아 그림을 그리고 글을 썼다. 내리쬐는 햇빛 아래 나체로 드러누워 시간을 보내기도 했다. 파리의 무더운 여름을 피해 숨어드는 이 오두막이 그에게는 깊은 숲속에 감춰둔 보물 같았으리라. 오두막에 난 작은 창으로 불어오던 시원한 바닷바람처럼 7월의 찌는 듯한 더위와 눅진한 땀을 식혀줄 물건을 소개한다.

쿨링 파우더

Prickly Heat Cooling Powder

SNAKE BRAND
PRICKLY HEAT
ORIGINAL COOLING POWDER
CLASSIC
Net volume 140 g ℮
SNAKE BRAND
PRICKLY HEAT
ORIGINAL COOLING POWDER
CLASSIC

새해의 첫 보름달이 뜨는 정월 대보름이 되면 사람들은 이른 새벽에 집을 나서 누군가를 만나는 대로 이름을 불렀다. 상대방이 대답하면 얼른 "내 더위 사 가게"라고 말했는데, 그렇게 그해의 더위를 다른 이에게 팔아넘기면 여름 내내 시원하게 보낼 수 있다고 믿었다. 만약 상대방이 먼저 "내 더위 사 가게"라고 말하면 도리어 남의 더위까지 얻어버리게 되므로 눈치를 잘 살펴 이름을 불러야 했다. 이제 '더위팔기'는 낯선 풍속이 되었지만 다행히 보름달의 효험에 기대지 않아도 쿨링 파우더가 여름의 열기를 가라앉혀준다.

스네이크 브랜드Snake Brand의 쿨링 파우더는 녹나무에서 추출되는 캠퍼 오일, 박하의 잎과 줄기에서 얻은 멘톨이 주성분으로 본래 땀띠로 예민해진 피부를 진정시키고 가려움을 없애기 위해 만들어졌다. 땀띠가 아니라도 습해지기 쉬운 겨드랑이와 손, 발, 등, 목 등에 가볍게 뿌려주면 보호막을 형성하고 땀을 흡수해 즉각적인 청량감을 준다. 입자가 고운 가루로 만들어져 모공을 막지 않고 피부에 닿는 느낌도 훨씬 가볍다. 시원한 민트 향도 상쾌함을 더한다.

마치 마법의 가루처럼 네모난 철제 통에 담긴 모양새도 예사롭지 않다. 용기에는 빨간 화살을 머리에 맞은 뱀이 그려져 있는데, 이는 1892년에 토마스 헤이스 교수Prof. Thomas Hays가 방콕에 약사가 상주하는 약국을 열며 상표로 내세웠던 것이다. 뱀은 질병을 상징하고 화살은 치료를 의미해 모든 질병을 치유한다는 뜻을 담았다. 그 후 1928년에 루안 웡와닛Luan Vongvanij이 이 약국을 인수하고 사업을 확장한다. 해외 브랜드의 화장품을 수입하거나 간단한 의약품을 직접 제조해 판매하기도 했던 그는 몇 년의 연구 끝에 베이비파우더를 만들었다. 다시 일 년이 지난 1952년에는 만 12세 이상만 사용할 수 있는 쿨링 파우더를 출시했는데 땀띠뿐 아니라 더위를 가라앉히는 데도 효과가 좋아 큰 성공을 거둔다. 오랫동안 파우더의 향을 유지하면서 차갑게 보관해 주는 철제 용기는 첫 출시 후 지금까지도 그대로 사용되고 있다.

쿨링 파우더는 높은 습도로 불쾌지수가 높은 여러 상황에서 유용하다. 땅에 뿌리면 주변에 벌레가 꼬이지 않고 샤워하기가 마땅치 않은 상황에는 쿨링 파우더를 몸 전체에 사용할 수 있다. 한 해 한 해 지날수록 어쩐지 점점 뜨거워지는 듯한 여름, 쿨링 파우더 덕에 갓 샤워를 마친 아침처럼 보송하게 하루를 보낸다.

가루 치약

Per Blan

자크 푸트렐Jacques Futrelle의 추리소설 『13호 감방의 비밀』에서 반 도젠 교수는 예고도 없이 차솜 교도소의 사형수 감방에 갇혔다. 그는 물건을 훔치지도 누군가를 해치지도 않았다. 젠체하는 그의 태도가 동료인 랜섬 박사와 필딩의 마음을 건드리기는 했지만 말이다. 교수는 구두, 양말, 바지와 셔츠를 몸에 걸친 채 교도관에게 몸수색을 받았고 자물쇠가 채워지기 전 동료에게 세 가지를 요청했다. 5달러 지폐 한 장과 10달러 지폐 두 장, 반짝이게 닦인 구두, 그리고 가루 치약 한 통이었다. 빈틈없이 단단한 벽과 창문의 쇠창살, 일곱 개나 되는 문을 거쳐야만 자유로운 세상으로 나올 수 있는 곳에서 그는 일주일 만에 탈옥했다. 교수가 갑작스러운 수감 상황에서도 찾은 가루 치약은 도대체 무엇일까.

치약이란 모름지기 튜브에 담겨 있는 줄로만 알았으나 인류 최초의 치약도, 우리나라에 처음 전해진 치약도 가루 형태였다. 일제강점기에 일본 라이온에서 개발한 치마분이 들어왔고, 주로 흡연가들이 담배 냄새를 없애려 사용했다. 차츰 구강 위생에 대한 인식이 널리 퍼지며 치마분은 칫솔인 치쇄자와 함께 필수품으로 자리한다. 그 후 우리 기술로 만든 가루 치약 '넘버원'이 발명되었으나 1954년 튜브형 '럭키 치약'이 등장하며 가루 치약은 점점 사라졌다. 이제 가루 치약은 과거의 문헌이나 소설 속에서 근대를 상징하는 물건으로 묘사된다.

벨기에의 덴토 프로덕츠Dento Products가 만든 가루 치약 퍼블랑Per Blan은 고운 입자의 석회 분말이 주성분으로 치아의 법랑질을 손상시키지 않으면서 플라크를 제거한다. 지혈 효과가 있는 바다 소금을 함유하고 있어 잇몸을 건강하게 지켜주고 입안의 온도를 낮추는 자일리톨과 페퍼민트, 레몬, 유칼립

투스 등의 일곱 가지 허브는 상쾌함을 더한다. 성분이 워낙 단순해 과연 이를 닦는 효과가 있을지 의구심이 들기도 하지만 칫솔을 물에 살짝 적셔 양치해 보면 그간 사용해 온 젤 타입이 답답하게 느껴질 만큼 입안이 개운하다. 미세한 분말이 치아와 잇몸의 깊은 곳까지 닿아 잔여물 없이 말끔히 헹궈지고 칫솔모 사이에도 치약이 남지 않는다.

분말의 단점을 극복한 젤형 치약을 거쳐 다시 가루 치약에 관심을 갖는 이유는 젤형 치약에 함유된 유해 성분과 재활용이 어려운 튜브 때문이기도 하다. 퍼 블랑은 코코넛 오일에서 파생된 계면활성제를 사용하고 별도의 보존제를 첨가하지 않는다. 생활용품에 숨어 있던 이름 모를 화학 성분의 위험에서 벗어날 수 있다면 가루를 쏟지 않도록 조심해야 하는 것 정도는 감수할 수 있다. 퇴비와 옥수수로 만든 치실, 대나무 손잡이로 만든 칫솔 등 편리보다는 환경을 생각하는 구강 용품으로도 시선을 넓혀본다. 더욱 청량한 치아와 마음을 위하여.

Nicht über 30 °C und für Kinder unerreichbar lagern.
Conserver au dessous de 30 °C et hors de portée des enfants
12 Monate. | Durée d'utilisation

Klar Seifen
1840
Per-Blan®
EVERY DAY
30 gr.
(2.5 FL OZ)

Klar Seifen Heidelberg
1840
RASIERSEIFE FÜR DIE DAME
RASIERSEIFE
1840
Klar Seifen · Heidelberg

면도 비누

Rasierseife

하얀 비누 거품을 턱과 코 밑에 한가득 묻히고 조심스레 면도칼을 움직이는 아빠를 물끄러미 쳐다보던 딸이 묻는다.

"아빠, 그건 왜 하는 거예요?"

"널 위해서란다."

딸의 뽀뽀를 받기 위해 볼과 턱을 매끄럽게 면도한다는 아빠의 대답에 소녀의 얼굴에 환한 웃음이 퍼진다. 영화 「세이빙 미스터 뱅크스」에서 『메리 포핀스』의 작가 패멀라 린던 트래버스Pamela Lyndon Travers가 아빠와의 추억을 회상하는 장면이다. 아이와의 부드러운 뽀뽀 때문이 아니더라도 남자가 면도를 하는 이유는 다양하다.

고대 이집트에서는 수염이 불결하다고 생각해 말끔히 면도했고 고대 그리스에서는 애도의 의미로 수염을 깎았다. 스파르타인은 겁쟁이를 벌주려고 수염 일부를 잘라냈던 반면 마케도니아의 알렉산더 대왕은 전쟁터에서 적군에게 수염을 잡히면 불리해질 수 있다는 이유로 군인에게 면도를 지시했다. 강제로 면도해야 했던 시대도 있다. 영국에서는 16세기 왕 헨리 8세와 그의 딸 여왕 엘리자베스 1세가 수염을 깎지 않은 이에게 세금을 부과했고, 러시아에서도 1698년에 강제로 수염을 깎고 거부하면 벌금을 내게 했다. 이제는 면도가 유행과 취향의 표현이 되었고, 도구가 발달하면서 남성뿐 아니라 여성도 제모에 대한 관심이 높아졌다. 그 이유가 어떻든 면도는 피부에 자극을 줄 수밖에 없기 때문에 자신에게 맞는 좋은 용품을 찾는 것이 중요하다. 특히나 면도 비누는 칼을 사용해 면도를 하는 이에게 필수품이다.

클라Klar의 면도 비누는 알칼리성으로 풍성하고 밀도가 높은 거품을 내 털의 지방을 분해한다. 덕분에 물을 흠뻑 흡

RASIERSEIFE
Aesop.

수한 털과 피부가 불어 부드럽고 말끔하게 털을 잘라낼 수 있다. 보습 효과가 뛰어나 면도 후에도 피부가 촉촉하다. 구름처럼 하얗고 촘촘하게 부풀어 오른 거품에 기분도 가벼워진다. 알루미늄 케이스는 브러시를 사용해 거품을 더 풍성하게 낼 때 그릇으로 사용하거나 비누를 담아 휴대하기에도 편리하다.

뛰어난 품질 외에도 클라의 비누를 신뢰하는 이유는 친환경 철학을 바탕으로 회사를 운영하며 민감한 부분까지 온전히 공개하기 때문이다. 1840년 필리프 클라Philipp Klar가 독일 하이델베르크에 세운 이래로 다섯 세대에 걸쳐 이어 내려온 가족 회사는 긴 시간 동안 천연 원료만을 고집해 왔으며 여전히 전통 제조법과 도구를 사용한다. 면도 비누를 포함해 클라에서 제조한 모든 비누는 식물성 원료로만 이루어진다. 화장품에 흔히 쓰이는 실리콘이나 파라벤 등의 첨가제와 라놀린과 같은 동물성 원료가 아닌 음식에도 넣을 수 있는 식물성 오일을 사용하고 천연 에센셜 오일로 향을 낸다. 일반적으로 비누의 주성분인 팜 오일은 주로 인도네시아와 말레이시아의 원시림에서 수입되는데 이로 인해 산림이 파괴되면서 오랑우탄의 서식지가 위협받고 있다. 때문에 클라는 브라질의 유기농 재배 인증을 받은 곳에서만 팜 오일을 수입하며, 궁극적으로는 팜 오일 대신 유럽 지역 내에서 수급할 수 있는 올리브 오일로 대체하기 위해 연구를 계속하고 있다.

독일어로 '명쾌하다, 맑다, 밝다'를 의미하는 단어 '클라Klar'처럼, 클라의 면도 비누라면 아침을 가볍고 상쾌하게 시작할 수 있다.

OFF
STOP!
ウイルス

천연 살균 소독제

Pasteuriser 77

심정이 복잡하면 가족 모두를 내보내고 청소를 한다. 시험을 앞둔 학생일 때도 그랬다. 먹고 남으면 일단 냉장고에 넣어두었던 음식을 다 꺼내 집 안을 뒤집고 냄비의 그을음까지 박박 닦아야 휘몰아치던 감정이 가라앉았다. 위험한 순간이면 아무 데나 머리를 처박고 기다리는 오리처럼. 비록 해결되는 건 없지만 집이라도 정돈되니 얼마나 다행인가.

이런 날 파스토리제 77Pasteuriser 77은 마음에 달라붙은 먼지까지 닦아주는 듯하다. 이슬처럼 맑고 알코올 향도 풍기니 술 한 잔 기울이는 기분도 들고 액체가 분무기에서 힘 있게 분사되는 모습은 맞받아치지 못했던 말들을 대신하여 속을 후련하게 해준다. 파스토리제 77을 제조하는 도버Dover는 본래 술을 만드는 양조 회사이다. 77%의 고순도 알코올과 정제수, 녹차 추출물인 카테킨을 섞은 이 살균제는 본래 제과 및 제빵용으로 개발되었다. 사탕수수에서 추출한 알코올은 박테리아가 활성화되기 전에 제거하고 고밀도 카테킨은 분사 후 나흘까지도 박테리아의 침입을 막아준다. 주조용 알코올을 기본으로 해 음식에 직접 뿌려도 안전하며 식품 표면에서 빠르게 증발하여 맛과 향을 손상시키지 않는다.

아끼느라 얼마 먹지 않은 잼에는 하얀 곰팡이가 피어 있고, 달걀프라이만 해먹는 데도 가스레인지 주변에는 그간 방치한 기름 자국이 들러붙어 있다. 손이 닿지 않는 에어컨 필터, 검은 점이 생길까 늘 걱정되는 싱크대와 욕실의 실리콘, 여름이면 꿉꿉한 냄새가 나는 신발장, 음식의 냄새가 배기 쉬운 도마와 칼, 낡고 헤진 아이의 애착 이불, 잦은 세탁이 어려운 베개와 이불, 민감한 후각을 가진 반려동물의 보금자리까지. 이 모든 곳에 파스토리제 77을 뿌린다. 물 같은 투명한 액체가

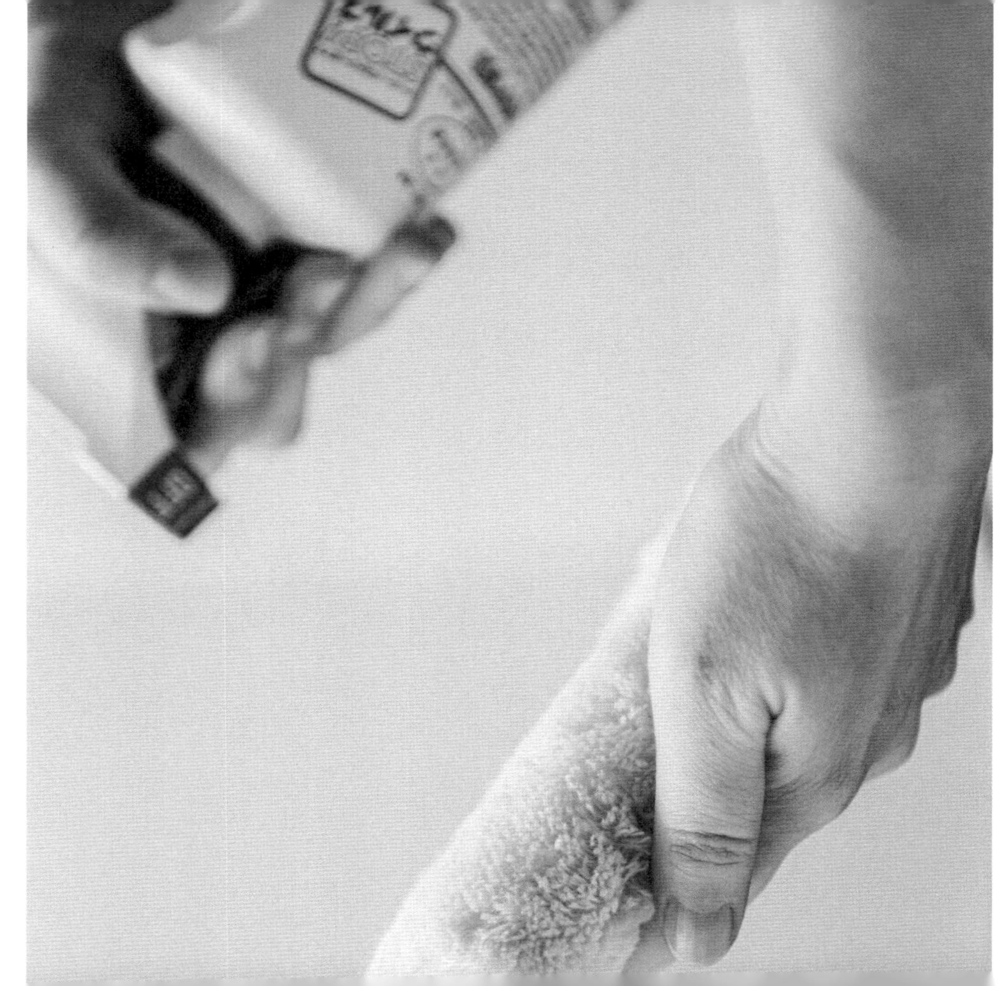

OFF
ウイルス
Pasteuriser77
ドーバー パストリーゼ77

곰팡이를 제거하고 기름때는 말끔히 지워낸다. 칫솔과 면도기 같은 위생 도구도 청결하게 유지하고 공기가 잘 통하지 않는 막힌 곳의 쾨쾨한 냄새도 억제한다. 파스토리제 77 하나면 가족 구성원의 수만큼 늘어나는 갖가지 물건을 간단하게 관리할 수 있다.

August

자연 예찬

그는 농부가 꿈이라 했다. 이미 꽤 안정적인 사업체를 운영하고 있었기에 뜻밖이었다. 얼마 뒤 작은 사과밭을 사더니 한 켠에 양 세 마리와 닭 네 마리가 살 보금자리도 마련했다. 해와 비가 사과를 키웠고, 풀밭은 무성해질 틈도 없이 양이 뜯어 먹었다. 일 년 내내 자연이 일해놓으면 가족들이 수확 철에 모여 사과를 몇 바구니나 땄다. 직접 거둔 사과로 갈아 만든 달콤한 주스는 몇 가족이 한 해 내내 마실 정도로 충분했고, 밭을 자유로이 활보하는 닭이 갓 낳은 달걀은 노른자 빛깔부터 달랐다. 사과나무 아래에 가만히 누워 배한봉 시인의 『푸른 힘이 은유의 길을 만든다』를 읊는다. 그의 시구처럼 바람에 잎들이 뒤척이는 소리를 듣고, 나뭇잎에 난 구멍 사이로 햇빛이 쏟아내는 금싸라기를 맞는다.

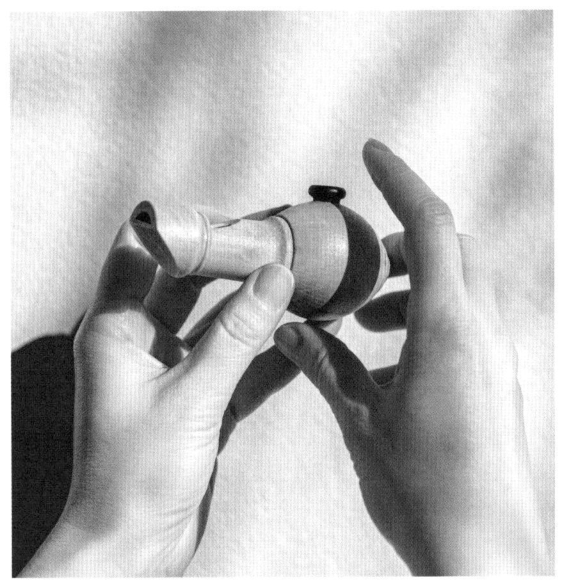

새소리 피리

Oiseaux

Vogel Stahrl 34 Kr. Das war schön!

찌르레기 34크로이처. 아름다웠다.

볼프강 모차르트Wolfgang Mozart는 1784년 5월 27일 새 한 마리를 사고 가계부에 이렇게 지출 내역을 적었다. 곁에는 「피아노 협주곡 17번 G장조 K.453」의 피날레 악장 첫 부분을 그렸다. 모차르트의 다른 곡에 비해 관악기가 풍성하게 사용되어 경쾌한 느낌을 자아내는 이 곡은 34크로이처를 지불하고 찌르레기 한 마리를 집에 데려오기 몇 주 전에 완성되었다. 보드랍고 작은 몸에서 나는 아름다운 소리에 그의 기분은 초여름 빈의 날씨처럼 맑았을 것이다.

때로는 낮게 우는 듯하고 때로는 경쾌하게 노래하는 듯한 신비로운 새의 소리는 모차르트뿐 아니라 많은 음악가에게 영감을 주었다. 9세기 초부터 유럽에서는 새소리를 내는 악기를 만들었고, 숲속의 새 노랫소리를 오선지에 채보하며 평생 자연을 음악에 담은 작곡가도 있었다.

작곡가나 연주자가 아니더라도 입과 손으로 새의 노래를 부를 수 있다. 남프랑스에 사는 할아버지 프랑수아 모렐François Morel은 새의 소리를 수집하고 발성과 음색의 특징을 발견해 기묘한 모양의 새소리 피리를 만든다. 조류학자이기도 한 그는 주변에서 쉽게 구할 수 있는 너도밤나무, 단풍나무 같은 재료를 손으로 다듬어 유럽은 물론 아시아와 북아메리카에 사는 다양한 새소리를 들려준다. 덕분에 모차르트와 삼 년 동안 함께한 찌르레기가 어떤 음색을 가졌는지를 직접 새소리 피리를 불어 그 높낮이와 떨림을 알 수 있다. 피리의 겉모습으로는 어떤 선율이 흘러나올지 전혀 알 수 없는 점도 재미있다. 긴 겨울밤처럼 깊게 우는 부엉이, 튀어나온 노란 입처럼 명랑한 오리, 맑고 청초한 대륙검은지빠귀, 우리나라에서 쉽게 만날 수 있는 개똥지빠귀, 깊은 호흡을 반복하며 새의 지저귐을 흉내 내다보면 가슴을 부풀리며 우는 새가 친숙해진다.

피리는 새집 안의 작은 새처럼 나무 상자에 들어있다. 뚜껑을 밀어 열면 상자의 바닥에 새에 대한 설명과 피리를 부는 방법이 적힌 종이가 깔려 있고 기호가 하나씩 그려져 있다. '<' 표시는 보통의 피리처럼 입으로 불어 새소리를 내고 '~'는 입으로 불지 않고 손을 쓰는 것이다. 앞의 두 기호가 소리를 내는 방법을 압축한 반면 '!'는 새를 보호하기 위해 소량만 만드는 종을 의미한다. 새의 노래는 영역을 나타내는 수단이기도 하기에 사람이 의도치 않게 새의 생활을 방해하지 않도록 조심하라는 뜻이다. 상자와 설명이 적힌 색지는 투박하지만 피리가 내는 소리는 곱고 다채롭다.

할아버지가 이토록 오랫동안 손으로 피리를 만드는 이유는 무엇일까. 그는 사람들이 새소리를 매개로 자연에 관심을 두고 자세히 관찰하기를 바란다. 그래서 자연이 주는 즐거움뿐 아니라 경고 또한 받아들이도록 말이다. 상자 안에는 '우리는 온 마음을 담아 만들었고, 사람들이 선한 의도로 사용하기를 바란다'는 문구가 적혀 있다. 진심 어린 그의 문장을 보면 가까이 다가가자 파드닥 날아가 버린 작은 새가 떠오른다. 놀라게 하려던 게 아니었다고, 새소리 피리를 손에 쥐고 새의 언어로 말하고 싶다.

BIRDS
cuckoo
COUCOU GRIS
Play with the cuckoo,
he will reply. Block the small round hole on top with the forefinger
and blow " cuc ", raise it and blow again " koo ", " cuc koo ".
The cuckoo will soon reply with a cuckoo to your cuckoo.
Copyright QUELLE EST BELLE COMPANY / L'ENFANT A LA FETE
LONG-EARED OWL
The Long-Eared Owl sings soberly, and all night long.
Hold the birdcall as if you were going to drink from a glass, the holes at
the top and towards you. Putting your lips on the top blow twice, and the
second time, approach the birdcall to your chin so as to damp the sound,
" HOU - OU "
Repeat regularly and calmly like a succession of sighs, for the night is
long.
Look to protect all the nocturnal birds of prey
© QUELLE EST BELLE COMPANY · L'ENFANT A LA FETE
produit en france, dans la drôme · modèles déposés · WWW.QBC.FR

방수 가방

Wickelfisch

한여름이 시작되면 스위스 바젤의 라인강에 어김없이 출몰하는 물고기 떼가 있다. 무지개색만큼이나 빛깔이 화려하고 크기도 다양한 이 물고기 무리의 정체는 무엇일까.

다른 계절에 비해 여름이 짧은 바젤은 냉방 시설을 갖춘 곳이 드물다. 뜨거운 하루를 선풍기 바람에 의지해 보내고 나면 온몸이 땀에 흠뻑 젖는다. 무더위에 지친 사람들은 점심시간에, 또 퇴근길에 도시를 가로지르는 라인강을 찾는다. 하나같이 물고기 모양을 한 가방을 메고 모여든 이들은 훌훌 벗은 옷가지와 지갑 등의 소지품을 가방에 넣고 강에 풍덩 뛰어든다. '악' 하는 외마디 소리가 절로 나올 만큼 차디찬 강물에 더위가 일순간에 가시기 때문이다. 가방을 안고 초록빛 물살에 몸을 맡긴 채 삼삼오오 떠내려가는 사람들의 모습이 멀리서는 마치 물고기 떼처럼 보인다.

뷔켈피시Wickelfisch라 불리는 이 가방은 바젤의 명물이다. 물고기의 꼬리 부분 즉, 가방의 입구를 한 방향으로 일곱 번 말은 후 뒤로 돌려 버클을 채우는 방식 때문에 '돌돌 말린 물고기'라는 이름이 붙었다. 방수 처리한 나일론 재질로 만들어져 가방 안에 넣은 소지품이 젖을 염려가 없고 가방을 닫으면 볼록하게 부풀어 물에 뜬다. 소지품을 물고기 가방 안에 담아 이동했으니 강의 어느 지점에서 멈춰도 다시 돌아가야 하는 번거로움이 없다. 물속에서 고개를 빼꼼 내밀고 보는 푸르른 구도심의 풍광, 강에서 나와 젖은 머리카락과 몸을 말리며 내리쬐는 햇살, 수영 후 들이켜는 차가운 맥주 한 잔도 라인강 수영의 매력이다.

한낮에는 수영과 햇살을 즐기고, 열기가 가라앉는 늦저녁에는 시원한 강바람을 쐬려는 사람들로 북적이는 라인강의 여름 풍경은 사실 그리 오래되지 않았다. 정밀 화학과 제약 산업이 번성한 바젤에서는 오랫동안 공장 폐수가 강으로 배출되어 수질이 좋지 않았고 물살도 거칠었다. 1980년대에 들어서야 수질이 개선되고 강둑이 설치되면서 일부 구간에 한해 수영이 허용되었다. 하지만 물살이 비교적 빠른 데다가 평상시에는 안전 요원이 따로 있지 않으므로 헤엄에 자신 있는 사람만이 둘 이상 함께 들어가야 한다. 일 년에 하루는 구조 요원이 동반하는 행사가 있고, 7월과 8월에는 시에서 안내 프로그램을 운영해 강 수영이 아직 익숙지 않은 이들에게도 기회가 있다.

여느 수영장이나 바다에서도 물고기 방수 가방은 유용하다. 소지품 때문에 일행 중 누군가 물가에 남아야 하는 곤란함과 귀중품이 젖을까 하는 조바심은 가방 안에 넣어버리고 물 만난 물고기가 될 순간을 꿈꿔본다.

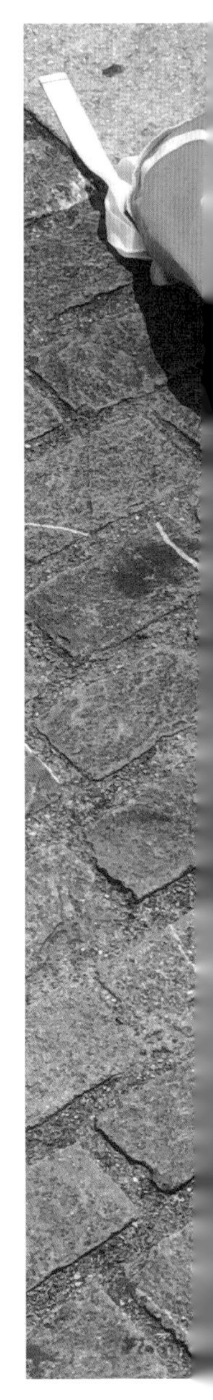

AIRTOP

루프 톱 텐트

Airtop

아이가 태어난 후 '푸른 초원 위에 그림 같은 집'을 지었다. 새끼 양의 가냘픈 울음소리가 들리는 들녘에서 첫날 밤을 보낸 우리는 이튿날 바다가 내려다보이고 무지개가 걸쳐진 언덕으로 집을 옮겼다. 셋째 날에는 깊은 호수를 품고 있는 숲속으로 이사했다. 하루가 지나면 사라질 집이지만 매번 심혈을 기울여 집터를 골랐다. 사람의 말소리 대신 새소리가 들리고, 곧게 솟은 빌딩 대신 해가 나는 쪽을 향해 제멋대로 뻗은 나무가 있으면 명당이었다. 머리맡의 창문으로 스며드는 달빛에 잠이 들고 쏟아지는 햇살을 맞으며 일어나는 날이 이어졌다. 남편과 아이, 나 이렇게 세 사람이 나란히 누우면 딱 맞는 한 칸짜리 우리 집은 열흘간 매일 새로 지어지고 다시 허물어졌다.

자동차 위에 텐트를 올린 루프 톱 텐트는 1930년대 서유럽에서 처음 선보였다. 합판에 얹은 A자형 텐트를 자동차 지붕에 고정해 놓은 단순한 형식이었다. 그로부터 이십여 년이 지난 1958년에 이탈리아의 스테파노 스토글Stefano Stogl이 직육면체 형태의 루프 텐트를 창안한다. 지붕과 바닥이 되는 윗면과 아랫면은 단단하게 만들고 벽이 되는 옆면은 부드러운 천으로 둘러씌운 형태로 지붕을 수직으로 들어 올리면 접혀 있던 천이 펼쳐지면서 아늑한 공간이 생긴다. 루프 톱 텐트는 자동차 여행이 보편화되면서 큰 성공을 거뒀다. 그로부터 반세기를 넘긴 지금까지 이탈리아의 오토홈Autohome은 기존 루프 톱 텐트의 기본 원리와 형태에서 기술적인 면만 보완한 모델인 에어톱Airtop과 매졸리나Maggiolina를 수작업으로 제작하여 판매한다.

캠핑은 분명 매력적인 여행 방식이지만 외부 환경에 그

대로 노출되는 터라 몸이 고달프다. 특히 텐트는 설치가 번거로운 데다 바닥에는 지면의 냉기가 그대로 올라와 하룻밤만 보내도 온몸이 쑤신다. 평평하게 다져진 캠핑장이 아니라면 상황은 더 고되다. 반면 에어톱은 압축 공기의 탄성을 이용해 잠금장치를 풀면 일 분도 되지 않아 완성된다. 사다리를 타고 올라 들어가는 텐트 안에는 매트리스가 내장되어 있고 평소에 사용하는 이불과 베개도 싣고 다닐 수 있다. 지붕과 바닥은 차체와 선체에도 쓰일 만큼 강도가 높은 유리 섬유 강화 플라스틱으로 만들어져 극한 기후나 긴 여행에서도 변색이나 변형이 될 우려가 없다. 또한 지붕에는 단열과 방음 역할을 하는 공기층이 있고 옆면은 방수와 통풍 효과가 탁월한 드랄론 원단으로 만들어져 텐트 안은 집처럼 아늑하다.

몸이 편안해지는 만큼 마음도 가벼워진다. 늘 차로 이동하니 숙소와 일정을 미리 정할 필요가 없다. 마음에 드는 장소라면 하루 더 머물고, 예상치 못한 일이 생기면 다른 곳으로 이동하면 그만이다. 여행이 끝나면 자동차 위에 세운 집은 허물어지지만, 추억은 차곡차곡 쌓인다.

비눗방울

Bio Bubbles

1878년 서울에서 몰래 선교를 하던 펠릭스 리델Félix Ridel이 체포되었다. 주교가 옥에 갇히자 포졸들은 그의 거처에서 마음대로 물건을 집어왔다. 제일 먼저 포도주를 마셔 없애더니 다음엔 비누를 꺼내왔다. 포졸의 손에 들린 비누를 본 펠릭스 리델이 종이 대롱을 입으로 불어 방울을 만들자, 모두가 즐거워하며 서로 해보겠다며 줄을 섰다. 심지어 감옥 밖에 있는 사람들까지 몰려들어 구경하였다. 펠릭스 리델의 자서전 『나의 서울 감옥 생활 1878』은 종로 3가의 옛 단성사 자리에 있던 좌포청 감옥에서 오색 빛의 방울이 여러 차례 떠오르고 터졌던 그 날에 대해 상세히 기록했다. 네모나고 향기로운 비누를 떡인 줄 알고 먹어 탈이 난 아이도 있었다고 할 정도로 당시 비누는 신기한 물건이었다. 이제 비누는 더이상 귀하지도, 신비롭지도 않지만 비눗방울만큼은 여전히 환상적이다.

소네트Sonett의 바이오 버블스Bio Bubbles는 유기농 원료만으로 만들어진 첫 번째 비눗방울이다. 코코넛 오일과 과일의 당성분에서 추출한 계면활성제, 천연 증점제인 잔탄검, 인도와 태국에 많이 사는 깍지벌레의 분비물에서 얻은 셸락이 주요 성분으로 시중의 비눗방울액에 비해 점성이 높다. 그래서 아이들이 가볍게 불어도 영롱하고 커다란 방울을 만들 수 있으며 거품이 쉽게 터지지 않고 멀리 날아간다.

세제에 함유된 계면활성제가 식수를 오염시킨다는 사실을 발견한 요하네스 슈노르Johannes Schnorr는 1977년 소네트를 세우고 수질 보호를 우선으로 하는 세제를 선보였다. 적은 양만 사용해도 오염을 제거할 수 있고 전 성분은 완전히 생분해되는 소네트의 세제는 저알레르기성으로 어린아이는 물론 피부가 민감한 사람도 안심하고 사용할 수 있다. 용기 또한 목재에서 나온 섬유와 재활용 플라스틱을 섞어 만든다.

동네 오락실에서 여섯 살 아이와 버블보블 게임을 했다. 유령이 나타나면 거품을 쏘아 방울에 가두고 다시 터트리면 과일이나 케이크가 떨어진다고 이야기하니 왼손으로는 스틱을 야무지게 잡고 오른손은 빨간 버튼 위에 둔다. 막상 게임이 시작되니 유령들은 활보하는데 아이가 맡은 공룡은 시작점에서 꼼짝하지 않고 벽을 바라본 채 방울만 한없이 만들어낸다. 짧고 통통한 손가락이 일 초에 열 개쯤 만들어내는 어마어마한 방울이 화면을 가득 채우고, 덕분에 악당들은 동실동실 떠다닌다. 우리가 만드는 비눗방울은 나쁜 것을 가둘 수 없다. 터진 자리에 바나나와 체리를 남기지도 않는다. 그러나 하늘을 유유히 비행하는 무지갯빛 비눗방울은 그 어떤 상상도 가능케 할 만큼 반짝인다.

September

글 읽는 밤

어느 날, 작가 장클로드 카리에르Jean-Claude Carriere는 파리 시청 지하철역 승강장에서 대여섯 권의 책을 옆에 쌓아놓고 독서를 하는 한 남자를 보았다. 전철은 지나가는데 그는 계속해서 책에 빠져 있었다. 장클로드 카리에르가 다가가 그 까닭을 묻자, 남자는 매일 아침 여덟 시 반에 지하철역에 와 책을 읽는다고 말했다. 정오가 되면 점심을 먹으러 나갔다가 한 시간 후에 다시 벤치로 돌아오고, 다시 저녁 여섯 시까지 책을 손에서 놓지 않는다는 그는 그저 읽는다며 다른 일은 해본 적이 없다고 대답했다.

글을 읽는 이유는 다양하다. 움베르토 에코Umberto Eco와 장클로드 카리에르의 대담집 『책의 우주』에 등장하는 지하철역의 남자처럼 읽는 게 좋아서 다른 일을 미뤄둔 채 닥치는 대로 읽는가 하면 지식이나 위안을 구하러 신중히 선별한 글만 읽기도 한다. 때로는 재미를 위해 글을 찾거나 무의식중에 글자를 짚는다. 연유야 어떻든 활자와 종이에 눈이 닿는 시간은 모두 새롭다.

신문 걸이

Original Wiener Zeitungshalter

매끈한 대리석 테이블과 붉은 벨벳으로 덮인 토넷Thonet이 놓인 카페에 부드럽게 중얼거리는 소리가 울린다. 주문한 커피가 타원형 트레이 위에 놓여 나왔다.

1683년 오스트리아 빈에 카페하우스가 처음 등장한 이래로 카페는 단순히 커피만 마시는 장소가 아니었다. 예술가와 지식인, 정치인들이 모여 교류하는 문화 공간이자 사교의 중심지였다. 특히 18세기 말부터 번창해 화가 에곤 실레Egon Schiele, 작가 카를 크라우스Karl Kraus, 건축가 아돌프 로스Adolf Loos와 오토 바그너Otto Wagner, 작곡가 알반 베르크Alban Berg까지 빈 출신의 수많은 거장들이 종종 카페에서 모였고, 작가 페터 알텐베르크Peter Altenberg는 단골 카페를 자기 주소로 기입해 우편물을 받기도 했다. 지성인들은 카페에서 영감을 나누고 세상사를 논하며 새로운 소식을 전했다.

1771년 카페 크라머를 인수한 요한 허틀Johann Hertl과 카타리나 허틀Katharina Hertl 부부는 벽에 신문 걸이를 걸었다. 작고 외진 골목에 자리 잡은 가게에 손님을 끌어들일 방편으로 신문과 잡지를 비치했다. 손님들이 커피를 다 마시고 난 후에도 글을 읽으며 느긋하게 카페에 머물 수 있도록 한 배려였다. 무료 신문과 잡지 때문이었을까. 카페 크라머는 곧 문학가와 철학가의 아지트가 되었고 곧 많은 카페가 한구석에 신문 걸이를 두기 시작했다.

시대가 바뀌고 인터넷 뉴스가 종이 신문을 대신하면서 신문 걸이는 점차 모습을 감췄다. 수요가 없으니 신문 걸이 제작소 역시 하나둘 문을 닫을 수밖에 없었고, 결국 2017년에는 빈에 작은 공방 하나만이 남는다. 1867년부터 신문 걸이를 만들어온 이 곳도 노령의 장인이 계속 운영하기 어려웠다. 이

Basler Zeitung
Ruderboote sind nachts kaum sichtbar
Löhne sind in Zug am höchsten
SWISS
TAGE DER OFFENEN
RUDOLF STEINER SCHULEN
DOMETIC

를 안타깝게 여긴 빈 출신의 디자이너 토마스 포가니치Thomas Poganitsch는 공방의 도구와 기계를 인수한다. 누군가는 신문 걸이를 시대착오적인 애물단지라 여기지만 토마스 포가니치는 신문 걸이가 빈 모더니즘의 한 장을 대변한다고 믿는다. 그래서 신문 걸이 제작 도구를 넘겨받으며 전통을 지속해야 할 의무도 함께 짊어졌다고 말한다. 버드나무 가지를 물에 담가 부드럽게 하는 과정부터 틀에 맞춰 구부리고 못을 박아 연결하는 일까지 원래의 방식을 고집하며 수작업으로 제작하는 이유다.

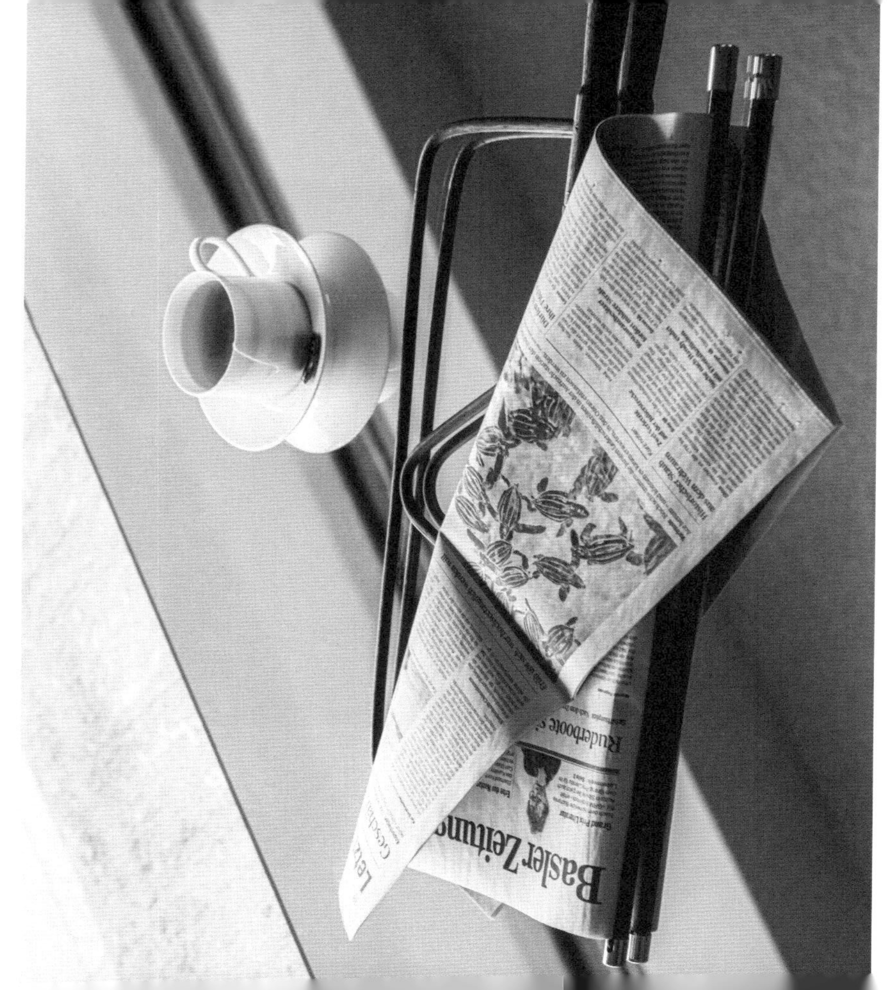
Basler Zeitun
Ruderboote

책솔

Bücher-Staubbürste

작가 아모스 오즈Amos Oz는 자전적 소설인 『사랑과 어둠의 이야기』에서 여섯 살 무렵 맞이한 인생 최고의 날에 관해 이야기한다. 그날은 책을 무엇보다 아끼던 아버지가 책장 맨 아래 칸의 30cm 정도를 비워 아들에게 내주었다. 아이는 침대 옆에 눕혀 쌓아두었던 이삼십 권의 책을 책장으로 가져가 한 권씩 바르게 세워 꽂았다. 아버지 책장 한 켠에 자리 잡았던 이 '작은 도서관'을 작가는 평생 소중하게 기억했다고 한다. 가끔 아버지는 아모스 오즈에게 책 먼지를 털어내는 일도 시켰다. 다만 아버지가 정한 규칙에 따라 한 번에 세 권까지만 꺼낼 수 있었고 먼지를 다 쓸어낸 후에는 반드시 원래 있던 자리에 책을 돌려놓아야 했다. 아이는 종종 먼지 터는 일을 잊고 마당 한구석에서 책 속으로 빠져들었고, 마지못해 고개를 들어 다시 현실로 돌아오기까지는 꽤 긴 시간이 걸렸다고 고백한다.

뷔어스텐하우스 레데커Bürstenhaus Redecker의 책솔은 그처럼 책과 종이에 새겨진 이야기를 소중히 여기는 사람을 위한 물건이다. 1935년 프리델 레데커Friedel Redecker에 의해 설립된 뷔어스텐하우스 레데커는 독일 북부에 위치한 작업장에서 다양한 용도의 솔을 전통 방식으로 만든다. 모든 솔은 자연에서 구한 재료로 제작하는데 습도가 높은 곳에서는 식물성 재료를 이용한 솔이, 건조한 곳에서는 동물의 털을 이용해 만든 솔이 먼지 제거에 탁월하다. 책솔을 이루는 가지런한 염소 털은 매끄럽고 튼튼하며 지방층이 있어 먼지를 잘 흡착한다. 군더더기 없이 부드러운 질감의 나무 손잡이는 편안하게 손에 잡힌다. 책 솔에서 퍼지는 옅은 냄새와 보드라운 촉감이 빛과 시간에 바랜 종이책을 닮았다.

책장 한편에 두었던 책솔을 집어 든다. 서가에 꽂힌 책 한 권을 골라 아이의 머리를 쓰다듬 듯 책머리와 표지를 부드럽게 쓸면 내려앉았던 먼지가 떨어진다. 햇빛 아래 공기 중을 천천히 부유하는 먼지가 선명하게 보이고, 달콤한 이야기가 시작된다.

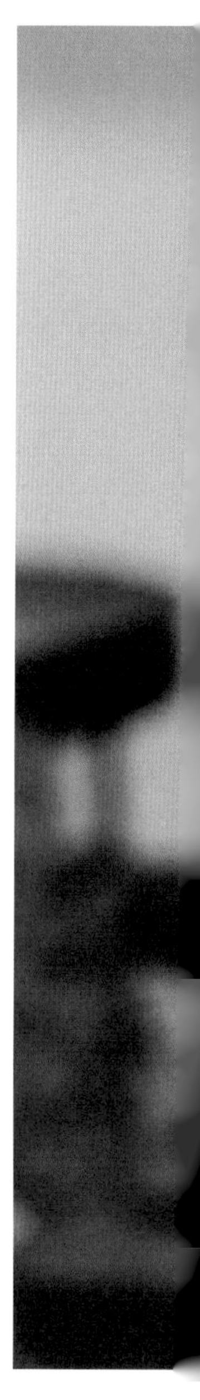

Remote
places to stay
Remote — places to stay

피아노 램프

Klavierleuchte Boogie

이제는 이름조차 생소하지만 19세기 초까지만 해도 독일과 프랑스 등에서는 '리히트푸처Lichtputzer'라는 직업이 존재했다. 우리말로 바꾼다면 '양초 청소부' 정도랄까. 주된 직무가 공연장의 양초 관리이니 조선 시대에 궁궐의 초와 등불을 맡아보던 관직인 전등典燈과 얼추 비슷하겠다. 유럽에서는 1800년 초반까지만 해도 가스등이나 석유램프, 전기 조명이 보편화되지 않았던 터라 공연장을 밝히려면 수백 개의 양초가 필요했다. 1688년에 베르사유 궁전에서 열린 축제에는 자그마치 이만사천 개의 초가 사용되었는가 하면 빈 궁정 극장에서는 관객석에 오백여 개, 무대에 삼백여 개의 초가 켜졌다. 닫힌 공간에서 수백 개의 초가 내는 연기만 해도 어마어마했을 터이다. 게다가 그때만 해도 초의 심지를 꼬는 방식이 지금과 달라 심지가 타들어가지 않았다. 그을린 심지가 길어지면 촛농이 흘러 촛불이 꺼지기 일쑤이니 삼십 분마다 심지를 일일이 잘라줘야 했다. 깜박거리는 촛불을 꺼트리지 않고 딱 적당한 만큼만 심지를 자르는 기술은 양초 청소부에게 필수였다. 화재나 질식 사고 없이 성공적으로 공연이 끝나면 양초 청소부에게도 박수가 쏟아졌다고 하니 그들의 역할이 얼마나 중요했는지 짐작이 간다.

전기 조명이 등장하며 양초 청소부는 자연스레 사라졌지만 촛불로 다양한 빛을 연출했던 그들의 시도는 전등에 영향을 주었다. 일례로 피아노 연주자가 눈부심 없이 악보를 읽을 수 있도록 초 뒤편에 작은 판을 세우던 묘안이 피아노 램프의 시작이 된다.

피아노 램프의 형태에는 공통적으로 몇 가지 특징이 두드러진다. 빛이 주변으로 번지거나 반사되지 않도록 전구 위에 갓이 덮인다. 램프가 피아노 상판에 놓인 채로 아래의 악보를 비추기 때문에 램프의 목이 길쭉하다. 전등갓은 좌우와 위아래로, 전등 목은 위아래로 움직여 빛의 방향을 세심하게 조정할 수 있다. 유연한 상부와 반대로 지지대는 단단하고 묵직하다. 램프의 고개가 푹 숙여져도 앞으로 쏠려 넘어지지 않게 지탱하기 위함이다.

얀 피아노타일레Jahn Pianoteile의 피아노 램프는 악보를 고르게 비추는 본연의 기능에 충실하다. 별다른 장식도 없다. 하지만 살며시 휘어진 기다란 목과 곧게 뻗은 갓의 대비가 우아하고 이음새가 단정하다. 램프 표면을 감싼 황동은 잔잔하게 빛을 반사한다. 그래서 악보를 보기 위한 램프이지만 독서에도 더할 나위 없다. 부드러운 불빛 덕에 오랜 시간 글을 읽어도 눈이 편안하다.

책상에 앉기에는 노곤하지만 침대에 눕기에는 아쉬운 늦저녁이 되면 소파에 기대어 탁자에 놓인 피아노 램프를 켠다. 동그란 스위치를 '탁' 하고 누르면 나만의 고요한 시간이 열린다. 멜로디를 품은 까만 음표를 따라가듯 글자를 한 자 한 자 눌러가며 읽는다. 글이 음악이 되어 흐른다.

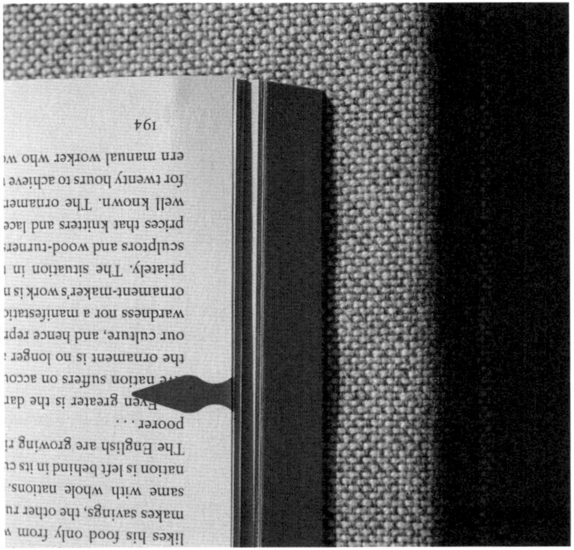
likes his food only from
makes savings, the other
same with whole nations.
nation is left behind in its
The English are growing
poorer . . .
Even greater is the
nation suffers on
the ornament is no longer
our culture, and hence
wardness nor a
ornament-maker's work is
priately. The situation in
sculptors and
prices that knitters and
well known. The
for twenty hours to achieve
ern manual worker who
194

책갈피

Book Darts

Ornament as a rule makes
sive, but sometimes it may happen
object with the same material costs, and which
has demonstrably been worked on for three
times longer, is offered for half the price that a
smooth object costs. The lack of ornament leads
to a shortening of working time and a rise in
price. The Chinese carver works for sixteen
hours, the American worker for eight.
much for a smooth vase as for an ornamented
one, the difference in working time belongs to
the worker. And if there were no ornament at
all – a situation that may occur in millennia to
come – a person will need to work not eight but
only four hours, because half of the work is now
still devoted to ornaments.
Ornament means squandered
thus squandered health. It has always been so.
But today it also means squandered material and
both together mean squandered capital.
As the ornament is no longer organically
connected with our culture, ornament is no longer
the expression of our culture. The ornament
that is made today has no connection with us, it
has no human connections, no connection with
195
194

이레네오 푸네스는 모든 것을 기억한다. 어느 날 푸른색 말에서 떨어진 뒤로 완벽한 기억력을 갖게 된 그는 어제 하루 동안 있었던 일을 그대로 읊어낼 수 있다. 포도나무의 모든 잎사귀와 포도알의 수는 물론이고 몇 년 전 어느 새벽 남쪽 하늘에 떠 있던 구름의 모양까지 단 하나도 잊지 않는다. 호르헤 루이스 보르헤스Jorge Luis Borges의 소설 『기억의 천재 푸네스』 속 푸네스라면 독서를 하다 나중에 다시 찾아보고 싶은 부분에 밑줄을 치거나 책 귀퉁이에 메모를 할 필요가 없을 것이다. 하지만 안타깝게도 그는 모든 일을 세세하게 기억하느라 다른 일은 할 수가 없다.

푸네스처럼 기억을 살리는 데 모든 시간을 할애할 수 없기에 책을 읽다가 기억하고 싶은 문장이 나오면 북 다츠Book Darts를 끼운다. 라인 마커 혹은 페이지 포인터라고 불리는 이 도구는 문장의 여운을 간직한다. 납작하고 끝이 뾰족한 화살표 모양이라 원하는 곳을 정확히 가리킬 수 있고, 종이에 스윽 밀어 넣어 끼우는 형태라 어떤 자국도 남기지 않는다. 두께가 얇아 책이 불룩해지지도 않는다. 책을 읽고 한참이 지난 후에도 표시해 두었던 문장을 쉽게 찾을 수 있다. 브라스, 브론즈, 스테인리스 스틸 세 가지 소재로 구성되어 있어 자신만의 구분법을 적용하는 것도 가능하다. 북 다츠를 제작하는 밥 윌리엄스Bob Williams는 원래 철학과 영어를 가르치던 선생님이자 사서, 기록연구사, 보트 제작자, 목수, 인쇄업자였다. 서로 다르지만 어딘가 유사해 끝말잇기처럼 이어지는 여러 일을 하던 그는 이제 이 작은 도구를 만든다.

어떤 이가 궁금해지면 그의 서가를 살펴본다. 서가에 꽂힌 책은 한 사람의 세월과 관심사를 보여주기에 직접 나누는 대화만큼이나 많은 것을 알려준다. 책장을 들여다볼 수 없다면 책에 보물을 숨긴 것처럼 마음을 울린 문장에 북 다츠를 끼워 전달하면 어떨까. 별다른 말을 적지 않아도 책 속의 빛나는 문장들처럼 함께 반짝이는 순간을 쌓고 싶어하는 마음이 전해질 것이다.

Adolf Loos

October

아끼는 마음

가즈오 이시구로Kazuo Ishiguro의 소설 『남아 있는 나날』에서 집사 스티븐스는 유서 깊은 대저택인 달링턴 홀의 살림을 빈틈없이 꾸리고 여러 만찬과 행사를 완벽하게 치러내는 것을 소명으로 여긴다. 손길이 필요한 수많은 업무 중에서도 그가 유독 세심하게 확인하는 일과가 있었으니, 바로 식탁에 오르는 은식기의 윤을 내는 작업이었다. 스티븐스는 은식기의 상태가 집안의 품격과 직결된다고 믿었다.

물건 하나로 가문의 품위까지 논하는 건 다소 과하지만, 사물의 모습이 그를 소지한 이의 생활을 담아낸다는 사실은 부인할 수 없다. 유독 귀 부분이 낡은 동물 인형은 귀를 매만지다가 잠드는 아기의 습관을 보여주고, 검게 그을린 모카 포트는 진한 커피를 즐기는 취향을 알려준다. 빳빳하게 다려진 흰 셔츠는 깔끔한 성향을 드러내고 먼지 한 톨 없이 매끈하게 닦인 장식품은 집주인의 부지런한 품성을 짐작게 한다. 그런가 하면 덤벙거리는 나의 민낯은 유독 내 손에만 오면 빨리 해지는 소지품에서 들통난다. 앞코가 닳은 구두와 볼펜이 묻은 셔츠를 보며 한숨 쉬는 이를 위해 물건의 윤과 결을 살려주는 제품의 이야기를 풀어본다.

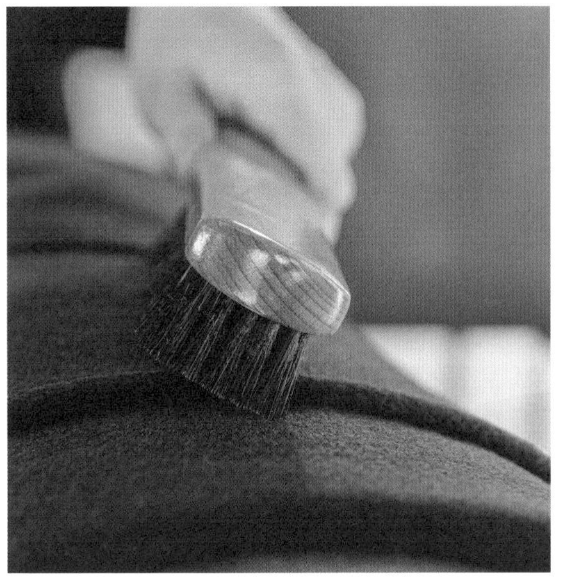

옷솔

칫솔, 구둣솔, 화장용 붓부터 설거지솔, 손톱솔, 머리카락 제거 빗까지 세상에는 수많은 종류의 브러시가 존재한다. 이들은 영어로는 모두 '브러시'로 말하지만 우리말로는 용도에 따라 빗이나 붓 또는 솔 중 하나로 불린다. 국립국어원의 표준국어대사전의 설명에 따르면 아래와 같다.

빗. 머리털을 빗을 때 쓰는 도구
붓. 글씨를 쓰거나 그림을 그리거나 페인트칠을 할 때 쓰는 도구
솔. 먼지나 때를 쓸어 떨어뜨리거나 풀칠 따위를 하는 데 쓰는 도구

옷감에 묻은 먼지를 털어내고 섬유의 결을 손질하는 클로스 브러시Clothes Brush는 옷'솔'로 칭할 수 있다. 옷솔은 보통 힘과 탄성이 좋은 돈모로 만들어지는데 돈모는 돼지 몸통에 가까이 난 털일수록 품질과 가격이 높아진다. 1777년 윌리엄 켄트William Kent가 설립한 이래로 이백 가지가 넘는 브러시를 만들고 있는 영국의 켄트Kent는 중국과 인도에서 생산되는 양질의 돈모로 옷솔을 제작한다. 엄선된 자재로 만들어진 이 옷솔은 섬유를 한 방향으로 가지런히 쓸어 옷감 고유의 광택을 살려준다. 옷에 사용하는 브러시라니 조금 낯설지만 옷감 표면에 달라붙은 먼지만 떼어내는 테이프 클리너와 달리 섬유 사이에 깊숙이 낀 이물질부터 이음새에 고인 먼지까지 말끔히 제거한다.

삼십여 년 동안 영국 콘월의 세인트 마이클 마운트에 위치한 한 성을 책임졌던 집사 스탠리 에이거Stanley Ager는 은퇴

후 그동안 집사로 일하며 쌓은 노하우를 담아 책을 펴냈다. 이 책에서 스탠리 에이거는 옷솔의 장점과 더불어 옷솔을 이용해 재킷, 바지, 치마, 모자 등을 손질하는 법을 자세히 다룬다. 굳이 설명하지 않아도 될 만큼 사용법은 간단하다. 솔을 옷과 비스듬한 각도로 위에서 아래로 빗겨주면 된다. 대부분 옷감에 적합하여 목도리, 카펫 등을 정돈할 때에도 유용하며 여행 가방에도 담아가기 좋다. 현관 입구나 옷장 한쪽, 사무실 행거 옆에 두면 늘 단정한 모습을 유지할 수 있다. 빗의 머리 부분이 좁고 길어 입체적인 옷도 쉽게 관리할 수 있으며 외출 직전 빠르게 옷매무새를 점검하기에도 좋다. 덤으로 고양이 털을 빗겨주면 그리 좋아한다니 애묘인들에게는 이만한 물건이 없겠다.

왁스

Renaissance Wax

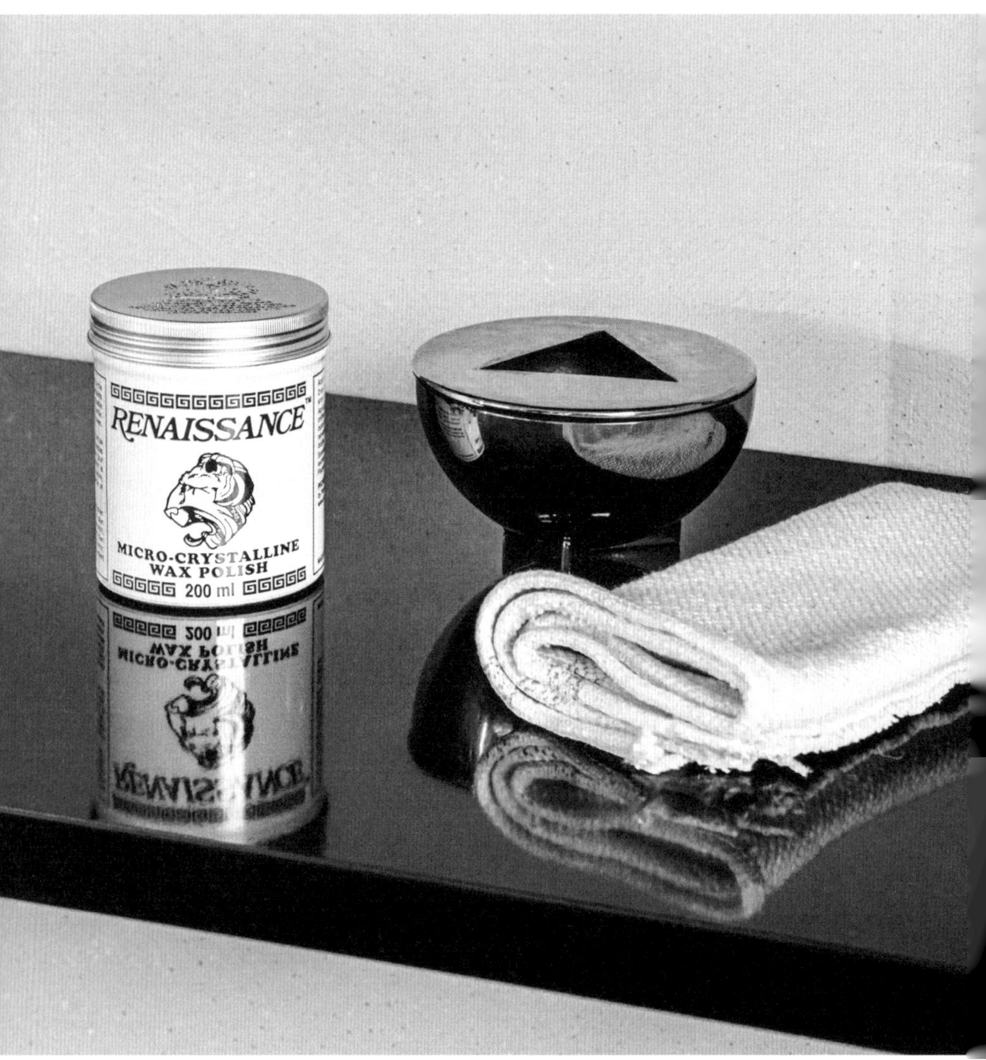
RENAISSANCE
MICRO-CRYSTALLINE
WAX POLISH
200 ml

1980년대생이라면 일명 '호랑이 연고'를 알 것이다. 포효하는 호랑이 한 마리가 그려진 작은 유리병에 담긴 고약 말이다. 이 '범'상치 않은 패키징의 연고는 싱가포르제 소염 연고로 당시에는 거의 만병통치약처럼 쓰였다. 머리가 아플 때도, 멀미가 날 때도, 벌레에 물리거나 멍이 들었을 때도 엄마는 금빛 뚜껑을 열어 하얀 연고를 발라주었다. 르네상스 왁스Renaissance Wax를 물건에 쓰는 호랑이 연고로 비유할 수 있을까. 물건의 표면에 보호막을 형성하고 윤을 내주는 광택제로 목재, 금속, 대리석, 광석, 플라스틱, 가죽, 종이 등 거의 모든 재질에 사용할 수 있다. 이 만능 광택제는 뜻밖에도 런던의 영국 박물관에서 시작되었다.

대영 박물관으로 잘 알려진 영국 박물관은 1920년에 유물의 복원을 위해 연구소를 설립한다. 박물관은 제1차 세계대전 동안 소장품을 기차 터널과 박물관 지하에 보관하였는데 이때 훼손된 유물의 상태를 파악하기 위해서였다. 이후 연구소가 박물관 소유의 방대한 문화재를 분석하고 보존하는 일을 담당하면서 새로운 광택제를 찾아 나선다. 1950년대 초까지 널리 사용되던 카르나우바 왁스나 밀랍은 천연 물질이기는 하지만 산성을 띠고 있어 예술품 본래의 마감을 훼손할 우려가 있었기 때문이다. 마땅한 대안을 찾지 못한 연구소는 결국 1955년에 자체적으로 광물성 왁스를 제조한다. 새로 개발한 왁스는 중성으로 산화를 일으키지 않아 광범위한 재질에 쓰였다. 왁스가 형성한 피막은 자외선과 이물질 등에 의한 오염과 부식을 방지하여 광장에 설치된 동상에도 유용하였고 왁스의 녹는점이 높아 조명에도 적합했다.

종갓집 비밀 조리법처럼 연구소에서만 제조되던 왁스는

1968년에 상업화되었다. 미술품 복원 및 보존을 위한 전문 제품을 만드는 영국의 피크레이터 엔터프라이스Picreater Enterprises가 박물관의 허가를 받아 대량 생산을 시작하면서다. 물건의 재생을 가능하게 한다는 의미를 담은 듯 르네상스 왁스라는 이름으로 출시되었다. 이제는 영국 박물관뿐 아니라 런던의 빅토리아 앨버트 박물관, 뉴욕의 메트로폴리탄 미술관, 911 기념관 등 세계 곳곳의 미술관과 박물관을 비롯해 수많은 컬렉터와 예술품 복원가가 애용하고 있다.

BALLISTOL
UNIVERSALÖL
ALTBEWÄHRT
UND UNERREICHT
Öl • 50 ml

윤활유

Ballistol Universalöl

BALLISTOL
UNIVERSALÖL
ALTBEWÄHRT
UND UNERREICHT
Öl • 50 ml

과거 로마와 카르타고의 전쟁에서 지휘관의 치밀한 전술이 승리를 이끌었다면 이제는 그 자리를 과학이 대신한다. 전쟁은 비극 속에서도 기술의 진보를 가져오며 뜻하지 않은 발명품이 만들어지기도 한다. 탄도학을 가리키는 'Ballistics'에 오일을 뜻하는 라틴어 'Oleum'을 더해 만든 발리스톨 유니버설 오일Ballistol Universalöl이 그렇다.

1904년 독일에서는 군인의 소총과 가죽 물품을 포함한 다양한 장비와 군 시설을 관리할 오일이 필요했다. 카를스루에 공과대학 교수였던 헬무트 클레버Helmut Klever가 이 모두를 한 번에 관리할 수 있는 다목적 오일을 개발하였고, 독일 제국의 제국군부터 나치 독일의 국방군에 이르는 사십여 년간 독일군이 사용했다. 헬무트 클레버가 만든 오일은 열상과 타박상같이 군에서 자주 발생하는 부상의 치료에도 효과가 있었다.

무기도 닦고 상처도 닦는 발리스톨 유니버설 오일은 의약품에 사용되는 높은 순도의 화이트 오일로 만들어진다. 이 화이트 오일은 약알칼리성으로 화약과 탄약의 잔여물을 용해시키며 손의 땀으로 인해 표면에 남아 있는 산을 중화시킨다. 또한 산화 방지제를 포함하고 있어 시간이 지나도 끈적해지거나 굳어지지 않는다. 부품 사이에 오일 잔여물이 남아 고장을 일으킬 우려가 없고, 오래 보관하더라도 변함없이 쓸 수 있다.

군의 필요 때문에 만들어졌고 사냥이 보편화된 지역에서는 여전히 총기류를 관리하는 용도로 쓰이기에 일상 생활과 다소 멀게 느껴질 수 있지만 사실 집의 곳곳에서 유용하다. 특히 습한 환경에 자주 노출되는 사이클 부품과 캠핑 용품을 청소하고 관리하기에 좋다. 매일 녹이 슬기 쉬운 공구와 재봉

틀, 각종 경첩과 잠금장치에도 소량의 오일을 바르면 매끈하게 유지할 수 있다.

'발리스톨의 천 가지 용도'라는 홍보 문구처럼 보편성은 발리스톨의 가장 큰 장점이다. 병에 담긴 기본 제품부터 넓은 범위와 손이 닿지 않는 곳에 쓰기 좋은 스프레이, 작은 표면에 활용하기 좋은 펜 타입까지 있어 적절하게 사용할 수 있다. 발리스톨 유니버설 오일과 붕대, 거즈, 가위를 포함한 응급처치 키트도 있어 야외 활동을 즐기는 사람이라면 구비해 둘 만하다.

UFO
BALLISTOL

November

정리의 기본

19세기 말 벨기에의 폴 오틀레Paul Otlet와 앙리 라 퐁텐Henri La Fontaine은 전 세계에 흩어져 있는 모든 정보와 지식을 한데 모으겠다는 원대한 꿈을 꾼다. 수집한 정보들을 효율적으로 분류한다면 원하는 내용을 훨씬 쉽게 찾을 수 있을 터였다. 1895년 두 사람은 숫자와 기호를 조합한 기호법을 개발해 정보를 주제별로 분류하였고, 이를 약 만오천 개의 색인 카드에 기록한다. 이 색인 카드는 수천 개의 작은 서랍에 차곡차곡 담겨 문다네움Mundaneum이라 이름 붙인 공간에 보관되었다. 이듬해부터 두 사람은 카드에 기록된 지식을 알려주는 서비스를 시작한다. 사람들이 우편으로 정보를 요청하면 수수료를 받고 관련된 색인 카드의 내용을 옮겨 적어 보내주는 방식이었다. 오늘날 인터넷 검색 엔진의 시초인 셈이다.

방대한 양의 정보를 규칙에 따라 정리한 문다네움처럼 집도 질서 정연하다면 생활은 편해질 것이다. 어디에 두었는지 도무지 알 수 없는 휴대 전화와 충전기를 찾느라 허둥지둥할 필요도, 쌓여 있는 옷 더미 속에서 그나마 덜 구겨진 셔츠를 건져내느라 쩔쩔맬 일도, 아이의 장난감 사이에서 우연히 결혼반지를 발견하는 황당한 상황도 없을 테니 말이다. 그렇다고 그냥 포기할 수는 없다. 뒤죽박죽 엉겨 붙은 테트리스 블록도 길쭉한 막대기 하나만 나오면 해결되지 않던가. 똑똑한 수납 용품이 필요한 때이다.

부엌 칼꽂이

Knife Insert

SOUPE
de poisson
BRETONNE
Bio-Gulaschsuppe
MANUFACTUM
Maldon
SOUPE
de poisson
BRETONNE

오스트리아 건축가 마르가레테 쉬테-리호츠키Margarete Schütte-Lihotzky는 부엌을 실험실이나 약국처럼 여겨 작은 용기 하나까지도 수납할 자리를 정확히 지정해야 한다고 생각했다. 1926년 그녀는 주부의 일과와 동선을 꼼꼼히 연구해 개수대와 식기 건조대는 물론 식재료를 보관하는 서랍장의 위치까지 정해진 일체형 부엌을 설계했다. 기존 부엌에 비해 대폭 작아진 6.5㎡의 이 부엌은 폭이 좁고 길다. 벽 양쪽에는 붙박이장을 설치했고, 알루미늄 서랍에는 밀가루, 쌀, 설탕과 콩 등 라벨을 붙여 식료품을 보관할 수 있게 했다. 천장에는 위치를 조절할 수 있는 레일 조명도 달았다. 그녀가 영감을 받았던 기차 식당칸의 주방처럼 바닥부터 천장까지 모든 공간을 알차게 활용한 이 부엌은 독일 프랑크푸르트의 공공 주택을 시작으로 1920년대에만 만 채의 주택에 적용된다. 이후 프랑크푸르트 키친이라 불리며 현대 부엌의 원형이 되었다.

다양한 식기와 조리 기구, 하나둘 늘어나는 전자 제품까지 질감과 모양새가 제각각인 물건이 가득한 부엌은 정리 정돈이 쉽지 않다. 칼처럼 위험한 도구는 더욱 신경이 쓰이기 마련이다. 브레카Breka의 부엌 칼꽂이는 크기가 모두 다른 부엌칼 열한 점을 효율적이고 단정하게 보관한다. 위쪽에는 과도처럼 작은 칼 여섯 점을, 아래쪽에는 빵칼이나 식도처럼 길고 큰 칼 다섯 점을 넣을 수 있다. 큰 칼과 작은 칼을 번갈아 넣는 방식으로, 물결 형태 덕분에 위아래가 자연스레 구분되어 칼을 쉽게 넣고 뺄 수 있다. 무엇보다 칼꽂이를 통째로 주방 서랍에 눕혀 넣을 수 있어 안전하다. 틈에 끼는 이물질은 마른 수건으로 닦아주거나 가볍게 흔들어 털어내면 쉽게 제거된다.

스타네 부코베츠Stane Bukovec가 1995년 설립한 브레카는 슬로베니아의 스트라자에서 열 명 남짓한 목공 장인들과 함께 인근의 풍부한 목재를 사용해 주방용품을 만든다. 다소 투박한 디자인에서 건강한 나무와 장인의 힘이 느껴진다. 너도밤나무를 통으로 잘라 가공한 후 오일로 매끈하게 마감한 부엌 칼꽂이는 평생을 함께 할 수 있을 만큼 견고하다.

A GAME OF CONQUE DIPLOMACY & BETRAYAL
Game design by Bill E Jack Kittredge & Peter Olotka
iftago
EINE STRATEGIE INS ROLLEN

고무줄

Rubber Tie Bands and X-Bands

하늘을 나는 라퓨타섬에 사는 사람들은 늘 사색에 빠져 있느라 머리가 한쪽으로 기울어져 있다. 수학과 음악처럼 어렵고 복잡한 이론만 중시하는 그들은 물들인 파리를 거미에게 먹여 여러 색의 거미줄을 뽑아낸다거나 얼음을 태워 화약으로 만든다는 등 거창해 보이는 연구에만 집중한다. 물론 연구가 성공할 수 있을지, 성공한다 해도 과연 쓸모가 있을지는 알 수 없다. 이방인 걸리버의 눈에는 황당한 연구에 몰두하느라 정작 꼭 필요한 옷 한 벌, 방 한 칸도 제대로 짓지 못하는 이들이 이상할 뿐이다. 라퓨타섬을 통해 『걸리버 여행기』의 작가 조나선 스위프트Jonathan Swift는 실용성을 경시하는 이들을 풍자했다. 모두가 라퓨타섬 사람들처럼 물건을 고안할 때 쓸모를 개의치 않는다면 우리의 생활은 훨씬 불편했을 것이다. 다행히도 지극히 평범하지만, 실용적인 물건에 주목한 이들이 있다.

러버 타이 밴드Rubber Tie Bands는 도톰한 고무줄에 세모난 화살표가 달려 있다. 연거푸 고무줄을 돌려가며 물건을 고리 안에 넣어야 하는 일반 고무줄과 달리 화살표에 줄을 걸어 묶는 방식이다. 어디에 쓰는 건지 기억도 나지 않지만 버리자니 찜찜한 케이블이나 바닥에 늘어진 전선을 접어 묶을 때, 입구를 뜯은 과자 봉지나 필기구, 화분의 이름표 등 흐트러지기 쉬운 물건을 한 뭉치로 모아 보관할 때 유용하다. 탄탄한 고무는 쉽게 헐거워지지 않아 어린나무가 곧게 자라도록 각목에 엮거나 원하는 대로 수형을 잡을 때도 쓰인다. 묶었던 물건을 풀려면 칼로 끊어내야 하는 플라스틱 케이블 타이와 달리 고리 고무줄은 여러 차례 다시 사용할 수 있어 친환경적이다.

X-밴드X-Bands는 파스타의 페투치니 면처럼 넓적한 고무

줄의 위아래를 잘라 양 끝을 두 줄로 만든 고무줄이다. 두 줄을 X자 혹은 십자로 벌리면 물건을 사면에서 잡아 단단하게 고정할 수 있다. 뚜껑이 잘 열리는 상자나 신문 묶음, 우편물 등 주로 육면체 형태의 물건에 적합하며 선물을 포장할 때 테이프와 리본 대신 쓰기에도 좋다.

1845년 영국의 스티븐 페리Stephen Perry가 개발한 최초의 고무줄에 간단하면서도 비범한 생각을 더 해 만들어진 이들 고무줄은 누가, 언제, 어떤 이유로 만들었는지 알려진 바가 없다. 하지만 별다른 설명이 필요 없을 만큼 쓰임새가 무궁무진하다.

DUNE
WiWa Spiele
THE LOST EXPEDITION
THE LOST EXPEDITION
SIA SOLA

정리 가방

Bag System

아이방은 정리를 끝내기가 무섭게 도돌이표를 그리듯 다시 한바탕 어질러진다. 작은 몸뚱이가 내뿜는 어마어마한 에너지가 남긴 흔적이다. 수십 년 전 내 방문을 닫으며 자포자기하듯 "너 같은 딸 한번 낳아봐라"라고 말하던 엄마가 떠오른다. 그때는 엄마의 한이 이렇게 그대로 돌아올 줄 꿈에도 몰랐다. 아마 엄마도 난장판이 된 방 전체를 커다란 보자기에 싸서 꽁꽁 감추고 싶었을 테지. 다행히 나 같은 아들딸은 세계 어느 집안에나 있었다.

스위스의 밀란 미오드라고비치Milan Miodragovic는 레고에 흠뻑 빠진 아이의 방이 늘 어지러운 것이 마음에 걸렸다. 정리의 정석대로라면 블록을 비슷한 것끼리 모아 보기도 좋고 찾기도 쉽게 분류해야 하지만 형태와 크기가 제각각인 데다가 수가 워낙 많아 손을 놓고 있었다. 고민 끝에 그는 펼치면 동그랗고 편평한 매트가 되고, 닫으면 세모 모양이 되는 가방을 고안한다. 매트 위에서 레고를 조립하다가도 지퍼만 닫아 올리면 일순간에 정리가 끝났고 더 이상 아끼는 블록을 잃어버릴 일도, 바닥에 떨어진 레고를 맨발로 밟아 고통스러울 일도 없었다. 레고뿐 아니라 뒷정리가 어려운 점토나 물감 놀이도 동그라미 매트 안에서라면 신나게 즐길 수 있어 부모와 아이 모두 더없이 만족스러웠다.

이 가방으로 특허를 받은 밀란 미오드라고비치는 2001년 회사를 설립하고 두 가지 가방을 선보인다. 상대적으로 얇고 가벼운 빨간색 토이스 백Toys Bag이 실내에서 놀이하는데 좋다면, 도톰하고 방수 처리가 된 녹색 가든 백Garden Bag은 야외에서 다양하게 활용된다. 모서리에 고리 여섯 개가 달려 있어 물건을 그대로 담아 이동할 수 있는 것도 장점이다. 덕분에 화분 갈이를 할 때는 남은 흙을 흘리지 않고 처리할 수 있으며, 각종 먹을거리와 마실 거리부터 챙겨야 할 물건이 많은 나들이에서는 돗자리와 가방의 역할을 모두 해낸다. 두 가방 모두 폴리에스터 재질이라 세탁도 간편하다.

'바로 그거야!THAT'S iT!'라는 유쾌한 회사 이름처럼 정리 가방은 기발함과 재치가 돋보인다. 머스트 해브를 외치며 매 시즌 수많은 가방이 쏟아지지만, 이 가방이야말로 꼭 갖춰야 할 잇 백이 아닐까.

키친 타월

EGYPT Kitchen Towels

영국에서 16세기부터 18세기 초까지 찻잎은 금에 견줄 정도로 비싸 차는 귀족들만 누릴 수 있는 고급 음료였다. 차를 마실 때 사용하는 은식기와 다기도 모두 고가라 곧 티타임은 상류 사회의 여성들이 부와 매너를 과시하는 자리가 되었다. 찻주전자와 찻잔 세트를 닦는 티 타월도 따로 있었다. 찻잔 세트가 깨질까 봐 하인에게 맡기지 않고 안주인이 직접 닦기도 했고, 손님에게 보여주기도 했기 때문에 티 타월은 고급 리넨에 아름다운 수를 놓아 만들었다. 차가 보편화되면서 티 타월도 실용적인 재질과 크기로 제작되기 시작했다. 디시 타월이나 키친 타월 등 다양한 이름으로 불리는 오늘날은 설거지한 그릇과 젖은 손을 말릴 때 쓰이기도 하고 테이블 매트나 빵을 싸는 천으로 활용되기도 하며 부엌에서 감초 역할을 한다.

게오르그 옌센 다마스크Georg Jensen Damask의 이집트 키친 타월EGYPT Kitchen Towels은 이에 더해 식기 건조대의 역할까지 훌륭히 해낸다. 크기가 넉넉한 데다가 도톰하고 흡수력이 좋아 설거지한 식기와 주방 도구를 엎어두어도 물이 흥건해지지 않는다. 부피가 커 눈엣가시 같은 식기 건조대와 달리 이집트 키친 타월은 접어서 서랍에 넣을 수 있어 주방이 한결 널찍하고 깔끔해진다. 손님 초대로 평소보다 많은 접시를 사용했다면 한 장 더 펼치면 그만이다. 식기세척기를 주로 사용하는 집이라도 따로 손 세척이 필요한 무쇠 냄비나 그릇 등을 말릴 때 사용하기 좋다. 주기적으로 세탁할 수 있어 위생적이기도 하다.

2000년에 출시된 이집트 키친 타월을 비롯하여 테이블 용품과 수건, 침대 커버 등을 만드는 게오르그 옌센 다마스크는 1756년 안드레아스 옌센Andreas Jensen과 키어스텐 크리스텐

20

스다터Kirsten Christensdatter 부부가 베틀 하나로 시작한 회사이다. 250여 년이 훌쩍 넘는 시간 동안 꾸준히 지켜온 높은 품질을 인정받아 덴마크 왕실에 납품하는 기업으로 성장했다. 이집트 키친 타월은 섬유의 길이가 길고 가늘어 최고급으로 여겨지는 이집트 면으로 제작되었다. 두 가지 색실을 꼬아 만들어 은은한 광택이 도는 타월은 촉감이 부드럽고 내구성이 좋다.

영화 「줄리 & 줄리아」에서 진주 목걸이를 하고 앞치마를 두른 허리춤에 키친 타월 한 장을 낀 줄리아 차일드가 떠오른다. 이집트 키친 타월을 들고 그녀처럼 우렁찬 목소리로 외쳐본다. "본 아페티Bon Appétit!"

December

간절한 바람

1967년 4월 스위스 글로브 에어 비행기가 추락한다. 항공사의 대주주 페터 스테헬린Peter Staechelin은 사고 수습에 필요한 자금을 마련하기 위해 바젤 쿤스트 뮤지엄에 대여 중이던 소장품을 처분해야 했다. 먼저 빈센트 반 고흐Vincent Van Gogh의 작품이 미국에 판매됐다. 파블로 피카소Pablo Picasso의 「앉아있는 어릿광대」와 「두 형제」까지 팔린다면 바젤에 큰 손실이 될 터였다. 이에 바젤 시는 작품가 8.4백만 프랑 중 6백만 프랑을 세금으로 부담하고, 나머지는 모금으로 충당해 그림을 구입하기로 한다. 시민들은 기꺼이 동참했다. 아이들은 저금통을 털고 예술가는 무료 공연을 펼쳤으며 식당에서는 스페셜 메뉴를 내놓았다. 한편에서는 반대도 있었다. 결국 이는 시민 투표에 부쳐졌고, 12월 17일 마침내 결과가 발표됐다. 그리고 압도적인 지지로 두 그림은 영원히 바젤에 남게 된다.

한 편의 동화 같은 이야기는 여기서 끝나지 않았다. 투표 결과가 공표된 날, 쿤스트 뮤지엄 디렉터인 프란츠 마이어Franz Meyer는 피카소의 아내 자크린느Jacqueline의 전화를 받는다. 그녀는 바젤 시민에 깊이 감동한 피카소가 선물을 준비했다고 전했다. 삼 일 후 남프랑스의 아틀리에를 방문한 프란츠 마이어에게 피카소는 유화 세 점°과 「아비뇽의 처녀들」의 스케치를 내준다. 그리고 다시 사흘 뒤, 한 아트 컬렉터가 피카소의 「시인」을 기증한다. 이로써 일주일 만에 피카소의 작품 일곱 점이 바젤 시민의 품에 안겼다. 누구도 상상하지 못한 일이었다. 1967년 12월에 일어났던 이 기적처럼 우리의 간절한 바람과 오랜 기다림에도 응답이 있기를 바란다.

° 「Homme, femme et enfant」 1906, 「Le couple」 1967, 「Vénus et l'Amour」 1967.

아드벤츠 칼렌더

Adventskalender Traumnacht

12월 1일 소년은 스물네 개의 작은 상자를 선물받았다. 상자를 열면 엄마가 뚜껑에 실로 묶어둔 눈사람 모양의 설탕 과자가 나왔다. 매일 아침 하나를 골라 열고 입안에서 사르르 녹아드는 과자를 먹을 기대에 아이의 마음은 스무 나흘 내내 솜사탕처럼 부풀었다. 마지막 상자를 열던 날은 소년이 손꼽아 기다리던 크리스마스이브였다.

아드벤츠 칼렌더는 예수의 탄생일을 맞이할 준비를 하는 기간인 대림절을 기념하는 달력이다. 달력에는 1부터 24까지의 숫자가 적힌 종이 창문이 있고, 창문 안에는 아이들을 위한 초콜릿이나 작은 장난감부터 어른들을 위한 차나 술, 화장품까지 다양한 물건이 숨어 있다. 무엇이 나올지 고대하며 12월 첫날부터 순서대로 하루에 딱 하나의 창문만 여는 것이 이 달력의 묘미이다. 성탄절이 가장 중요한 명절 중 하나인 유럽에서는 종종 아드벤츠 칼렌더를 선물로 주고받으며 마음을 전한다.

아드벤츠 칼렌더의 역사는 1850년대로 거슬러 올라간다. 독일의 기독교 가정에서는 대림절 기간 동안 매일 벽에 성경 그림을 하나씩 걸거나 분필로 그린 선을 지웠다. 크리스마스를 간절히 기다리는 아이들에게 남은 일수를 알려주고 자연스레 성경 이야기도 들려주는 방법이었다. 1900년대 초에는 매일 그림을 하나씩 오려 붙이거나 시계 모양의 종이에 있는 바늘을 한 칸씩 움직이기도 했다. 스물네 개의 설탕 과자를 선물받았던 소년인 게르하르트 랑Gerhard Lang도 달콤했던 유년 시절의 기억을 되살려 만든 달력을 1908년부터 뮌헨에서 팔기 시작했다.

달력의 시작일과 창문의 수는 매번 바뀌었는데 이는 크리스마스가 되기 전 네 번의 주일을 포함하는 대림절이 22일에서 28일 사이°로 해마다 다르기 때문이다. 1920년대에 이르러 오늘날처럼 작은 종이 창문을 하루에 하나씩 차례대로 열면 그림이나 초콜릿이 나오는 달력이 등장한다. 아드벤츠 칼렌더가 보편화되면서 점차 종교적인 의미는 흐려지고 대중적인 그림이 그려진 제품이 인기를 얻었고 날짜도 대림절 시작일과 상관없이 12월 1일부터 성탄절 전날인 24일까지로 고정되었다.

종이가 귀했던 제2차 세계대전 동안에는 그림 달력의 제작이 금지되었다. 전쟁이 끝난 1945년 리하르트 젤머Richard Sellmer는 슈투트가르트에 출판사를 세우고 아드벤츠 칼렌더를 제작하여 판매한다. 이제는 독일의 거의 모든 브랜드에서 연말에 맞춰 선물용 아드벤츠 칼렌더를 제작하고 있지만 아드벤츠 칼렌더만을 칠십여 년간 만들어 온 회사는 리하르트 젤머 출판사가 유일하다.

젤머 출판사는 그래픽 디자이너이자 영화감독인 프란츠 하켄Frans Haacken과 협업해 1962년에 아드벤츠 칼렌더 트라움나흐트Adventskalendar Traumnacht를 출시한다. 주로 목판화와 동판화 기법을 사용해 작업하는 프란츠 하켄은 동화 속 한 장면처럼 정겨운 작은 마을의 겨울밤을 그렸다. 별이 한가득 떠 있는 밤하늘에는 빗자루를 탄 마녀가 날고 골목에서는 거위와 강아지가 운다. 1부터 25까지의 숫자가 적혀 있는 창문을 열면 색색의 그림이 나오며 무채색의 마을을 환하게 밝힌다. 깜짝 선물 같은 스물다섯 번째 창이 크리스마스이브를 보낸 후의 아쉬움을 달래준다.

° 성탄절을 준비하고 기다리는 성탄 전 4주로 매년 날짜가 달라진다.

18
12
Made in Western Germany © by
Stuttgart-Rohr

25
21

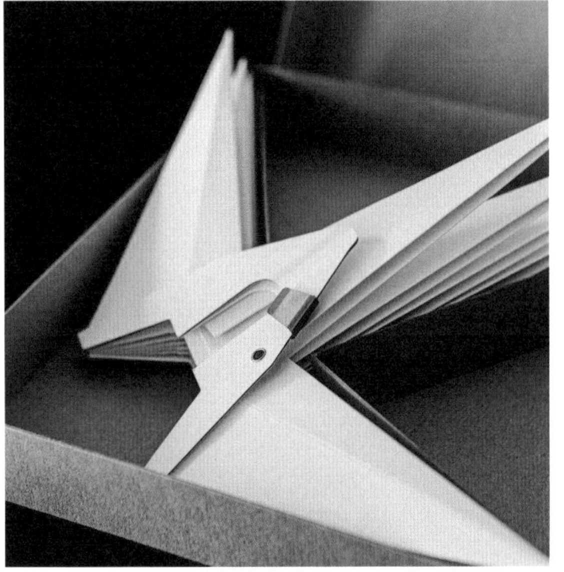

종이별 조명

Annaberger Faltstern

동방에서 그의 별을 보고 경배하러 왔노라.

- 마태오복음 2:2

체코와 국경을 접하고 옛 동독에 속하는 에르츠게비르게 산맥 산자락에는 안나베르크 마을이 자리하고 있다. 예로부터 은과 코발트, 주석이 풍부했던 이 마을에서 사람들은 은을 채굴해 생계를 꾸렸다. 하지만 광물이 점차 고갈되고 일자리를 잃은 광부들은 지역의 산림을 활용한 가내수공업에 힘을 기울였다. 그중 하나인 카를 프리드리히Karl Friedrich는 1867년에 크라프트 제본소를 차려 골판지를 제조하다가 1924년에는 종이로 만든 별 모양의 조명을 선보인다. 그가 만든 별은 낮에도 암흑 같은 광산에서 일하느라 햇빛을 볼 수 없던 광부들과 어둡고 긴 겨울을 살아가고자 애쓰던 지역민들의 삶을 위로하듯 산마을의 곳곳에 걸려 깊은 밤을 밝혔다.

지역의 이름을 따 '안나베르크의 별'로 불리는 이 종이별은 산맥 건너에 자리한 마을까지 전해지며 인기를 얻었고, 동방박사를 아기 예수에게 인도했던 베들레헴의 별을 상징하게 된다. 그러나 동독 정부는 성서의 별을 의미하며 반짝이는 조형물이 사회주의 이념과 맞지 않는다며 종이별의 생산을 금지했다. 수십 년이 지나고 베를린 장벽이 무너진 후에야 비로소 다시 만들어질 수 있었던 종이별은 이제 집집마다 창가와 크리스마스트리의 꼭대기에 걸려 겨우내 반짝인다.

5대에 걸쳐 전통 제본 방식을 이어오는 크라프트 제본소는 130~170g의 종이를 손으로 접어 구김 없는 완벽한 별을 만든다. 여섯 개의 삼각형이 이어져 별 꼬리 하나가 되는데 이 별 꼬리 열여덟 개가 모이면 작은 별 하나가, 스물일곱 개가 모이면 큰 별이 완성된다. 손으로 만들었다고 생각하기는 어려울 정도로 섬세한 종이별 안에 전구를 넣고 스위치를 켜면 새까만 하늘의 별처럼 선명하게 빛을 발한다. 예수의 탄생을 기념하는 대림절을 거쳐 다음 해 1월 6일의 주현절°까지 약 다섯 주 동안 종이별을 걸어두는 유럽에서는 '대림절별' 또는 '크리스마스별'이라고도 부른다. 주현절이 지나면 다시 납작하게 접어 상자에 넣어두는데, 펼칠 때처럼 접는 것도 간단해 순백의 종이는 매년 맑고 우아한 별빛으로 변신한다.

겨울밤 잰걸음으로 인적 드문 어두운 골목을 지나다 창가에 걸린 종이별을 만나면 추위와 불안이 슬며시 누그러진다. 낯선 이에게 인사를 건네며 조심히 가라고 따스한 불을 비춰주는 것만 같다. 잠시 멈춰 안도의 숨을 쉬고 다시 발길을 옮긴다.

° 예수의 출현을 축하하는 날.

Milena Jesenská
Deutsche Bundespost
Zürich · London · Berlin · Tokyo · New York · Sidney

편지지와 편지 봉투

Classic Laid Paper & Envelope

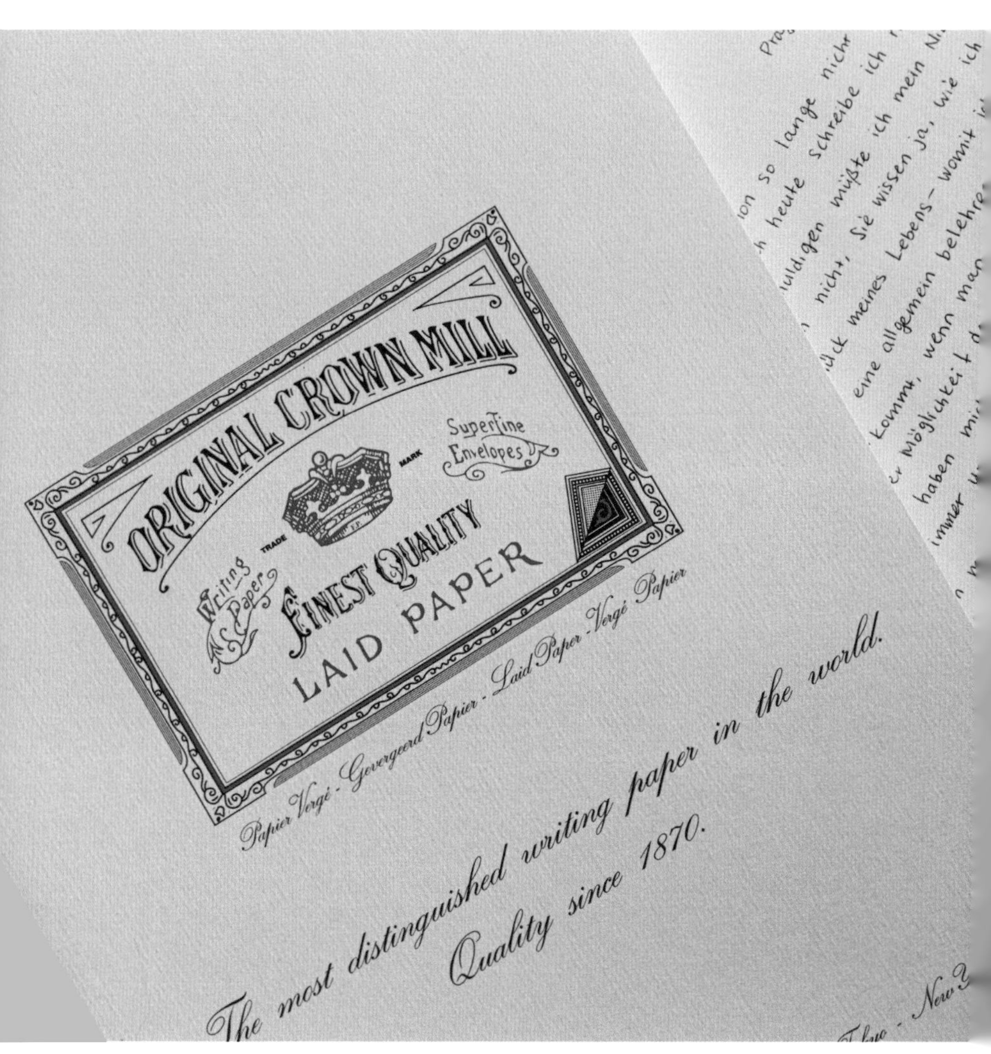
ORIGINAL CROWN MILL
Superfine Envelopes
TRADE MARK
Writing Paper
FINEST QUALITY
LAID PAPER
Papier Vergé - Gevergeerd Papier - Laid Paper - Vergé Papier
The most distinguished writing paper in the world.
Quality since 1870.

하얀 서리에 덮여 있었음에도, 파란 자두색이 눈부실 정도로 빛나고 있었어요. 혹시나 착각할까 봐 말하지만, 그건 하늘처럼 파란색이 아니라 분명 잘 익은 자두의 파란색이었어요. 그 파란색을 오늘 밤 어둠 속에서 편지에 담아 감방에 있는 당신에게 보냅니다.

- 아이다°

존 버거John Berger의 소설 『A가 X에게』에서 아이다가 이중종신형에 처한 연인 사비에르에게 보내는 연서는 절절하다. 평생을 감옥에서 보내야 하는 애인에게 바깥 삶의 색과 냄새를 조금이라도 더 생생하게 전하려는 듯 글은 끊이지 않고 이어진다. 어쩌지 못할 그리움이 구구절절 배어 있는 편지를 손에 받아든 사비에르의 심정은 어땠을까. 한 자 한 자를 새겨 읽다가 마지막 문장에 다다르면 못내 아쉬워 첫 장으로 돌아가기를 몇 번이고 되풀이했을 것이다.

열렬한 연애편지는 차치하고서라도 누군가에게 손으로 쓴 편지를 띄운 지가 언제인지 한참 까마득하다. 초등학교 시절 학급 단체로 군인 아저씨에게 보냈던 위문편지와 외국에 사는 친구와 주고받았던 펜팔이 마지막으로 기억될 정도이다. 군인 아저씨가 군인 오빠로, 군인 오빠가 어려도 한참 어린 군인 동생뻘이 되는 사이에 휴대 전화로 보내는 짧은 메시지마저도 자음만으로 축약하는 시대가 되었다. 짧고 강한 문장은 힘이 있다고 하면서 길고 차분한 글은 멋없다 못해 부담

° 존 버거, 『A가 X에게』, 열화당.

스럽게 여기는 때이니, 카드도 아닌 편지는 자연스레 잊혀진 낭만이 되었다.

그런가 하면 지나간 낭만을 되살리려 한 이가 있다. 바로 벨기에의 프레데리크 펠레티에Frédéric Pelletier이다. 1870년 그는 브뤼셀에서 멀지 않은 곳에 위치한 라 울프 마을에서 종이를 주문한다. 라 울프 마을에는 맑은 호수와 개울이 많아 일찍이 제지업이 발달했으며, 그 품질이 우수해 1600년대 말부터는 왕궁에 종이를 납품해 왔다. 프레데리크 펠레티에가 주문한 종이에는 전통 방식대로 손으로 종이를 뜰 때 생기는 연한 골이 가로로 나 있었다. 여기서 영감을 받은 프레데리크 펠레티에는 브뤼셀에 오리지널 크라운 밀Original Crown Mill이라는 이름의 제지 회사를 열고 핸드메이드 종이의 질감을 재현한 클래식 레이드 페이퍼Classic Laid paper 편지지와 편지 봉투를 제작한다. 얼핏 보기에는 눈에 띄지 않는 밋밋한 백지이지만 종이를 들면 오리지널 크라운 밀의 워터마크가 비치고 잉크가 놀랍도록 깔끔하게 스며든다.

한 해가 저물어가는 밤, 단단하게 여며진 봉투를 조심스레 뜯으며 설레어 할 그 사람을 위한 편지를 써내려간다.

Frau Milena, und auch heute
eines Zufalls. Entschuldigen müßte
Schreiben eigentlich nicht, Sie wissen
nasse. Alles Unglück meines Lebens - womit
klagen, sondern eine allgemein belehrende
machen will - kommt, wenn man will, von
oder von der Möglichkeit des Briefeschreibens her.
Menschen haben mich kaum jemals betrogen, aber
Briefe immer und zwar auch hier nicht fremde,
sondern meine eigenen. Es ist in meinem Fall ein
Unglück, von dem ich nicht weiter reden will, aber
gleichzeitig auch ein allgemeines. Die leichte Möglichkeit
des Briefeschreibens muß - bloß

Index

January

La Cupola
디자인: Aldo Rossi
제조: Alessi
연도: 1988
크기: Φ8.6×22.4cm, 15oz
재질: Aluminum, Thermoplastic resin

1020 Original
디자인: Sherman Kelly
제조: The Zeroll Company
연도: 1935
크기: 2oz
재질: Aluminum alloy

Copper Wave Dripper
제조: Kalita
연도: 2016
크기: 13.8×11.5×7cm, 160g
재질: Copper

Spurtle
디자인: Patrick Senior-Loncin
제조: Indeco
크기: Φ3×35cm
재질: Blackwood, Celery top-pine

February

Tetris Micro Arcade
라이센스: Arduboy
제조: Super Impulse
연도: 2019
크기: 8.5×5.3×0.7cm
재질: Polycarbonate, Aluminum

Mozartkugel Spieluhr
디자인: Jörg Adam, Dominik Harborth
연도: 2006
크기: Φ9.2×14cm
재질: Beech, Oak

March

MP 02
디자인: Jasper Morrison
제조: Punkt.
연도: 2018
크기: 5.1×11.7×1.4cm
재질: Polycarbonate

Bakelitschalter
제조: THPG
크기: Φ8.2cm
재질: Bakelite

10 Years Memo
디자인: Totsuka Yasuo
제조: Shogakusha
연도: 2012
크기: 13.5×17.5×4.2cm, 816pages
재질: Paper, Fabric

Perpetual Calendar Stamp
디자인: Nombre
제조: Nombre
크기: 5×5×7.5cm
재질: Rubber, Wood, Brass

Survey Field Notebook
제조: Kokuyo
연도: 1959
크기: 9.5×16.5cm, 40sheets
재질: Paper

Perfect Pencil 9000
디자인: Faber-Castell
제조: Faber-Castell
크기: Φ1.3×15.5cm
재질: Wood, Graphite, Plastic, Rubber

April

ATOMA Notebooks
디자인: André Tomas, Andre Matin
제조: ATOMA
연도: 1948
크기: A4, A5
재질: Paper, Aluminum, Texon

Papier d'Arménie
디자인: Auguste Ponsot, Henri Rivier
제조: Papier d'Arménie
연도: 1885
크기: 8×5.5cm
재질: Paper, Benzoin

Dandelion
디자인: Berry Needham, Alan Needham
제조: Hafod Grange
연도: 1968
크기: Φ8.5cm
재질: Polyester resin

Duftstein
디자인: Töpferhof Pfeiffer-Gerhards Keramik
제조: Töpferhof Pfeiffer-Gerhards Keramik
크기: Φ11.5×3.5cm
재질: Clay, Basalt

Kissenspray beruhigend
제조: Susanne Kaufmann
용량: 75ml
성분: Water, Lavender oil, Orange oil, Lime oil

May

Aalto Vase
디자인: Alvar Aalto
제조: Iittala
연도: 1936
크기: 20.5×16×16cm
재질: Glass

June

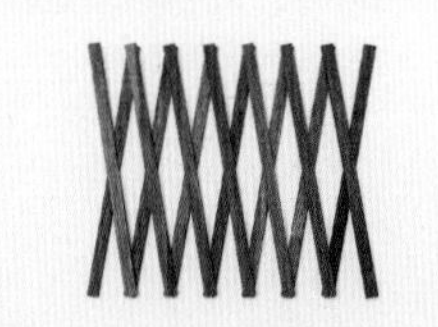

Untersetzer L
디자인: Sabine Meyer
제조: Side by Side
크기: 8×21×1.5cm, 펼쳤을 때 80cm
재질: Walnut

Turning Tray
디자인: Finn Juhl
제조: Architectmade
연도: 1965
크기: 45×23cm
재질: Teak, Laminate

Ovales Serviertablett
제조: Neumann Metallwarenfabrik Solingen
크기: 23×18×0.8cm
재질: Stainless steel

Tubenschlüssel
제조: Friedr. Trurnit
크기: 2.7×5cm, 2.7×7cm
재질: Zinc plated carbon steel

JarKey
디자인: Helge Brix-Hansen, Alf Rimer
제조: Brix Design
크기: 14×5×2.7cm
재질: ABS Plastic

Sizzler
제조: Nippon Riki Kogyo Co.
크기: 9.8×3.8cm
재질: Stainless steel, Plastic, Duracon

July

Prickly Heat Cooling Powder

제조: Snake Brand

연도: 1952

용량: 140g

성분: Camper oil, Menthol

Per Blan

제조: Dento Products

용량: 30g

성분: Lime powder, Peppermint, Licorice, Lemon, Eucalyptus, Camomile, Sage, Coltsfoot

Rasierseife

제조: Klar Seifen

용량: 110g

성분: Glycerin, Linalool, Limonene, Eugenol, Benzyl benzoate

Pasteuriser 77

제조: Dover

연도: 1986

용량: 500ml

성분: Alcohol, Catechin, Water

August

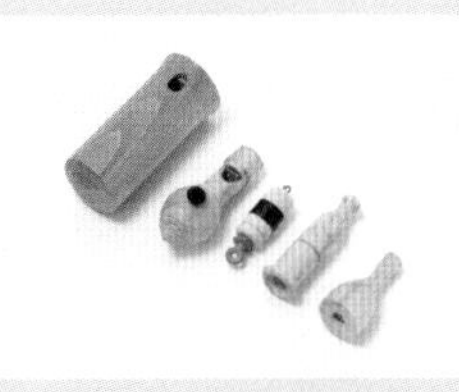

Oiseaux

디자인: François Morel

제조: Quelle est Belle Company

재질: Wood, Leather, Metal

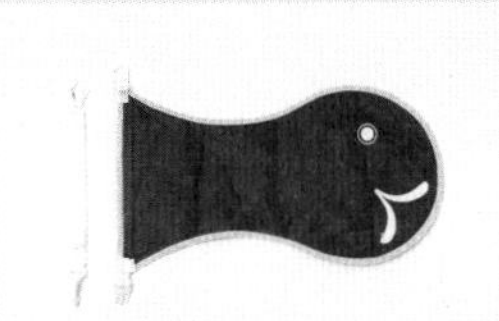

Wickelfisch

디자인: Wickelfisch

제조: Wickelfisch

크기: 71cm, 16L

재질: Ripstop nylon

September

Airtop
디자인: Stefano Stogl
제조: Zifer Italia
크기: 210×145×33cm, 열렸을 때 높이 94cm
재질: Fiber-reinforced plastic, Dralon

Bio Bubbles
제조: Sonett
용량: 45ml
성분: Water, Glycerine, Sugar surfactant, Xanthan gum, Shellac

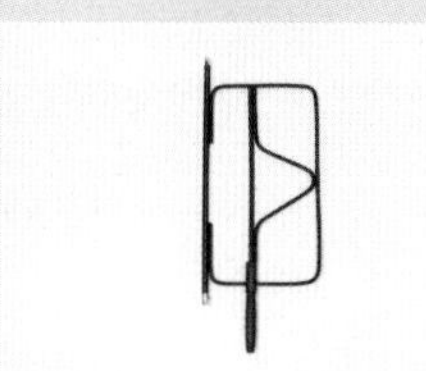

Original Wiener Zeitungshalter
제조: Thomas Poganitsch Design
크기: 25×62cm
재질: Willow, Metal

Bücher-Staubbürste
제조: Bürstenhaus Redecker
크기: 26×4cm
재질: Goat hair, Pearwood

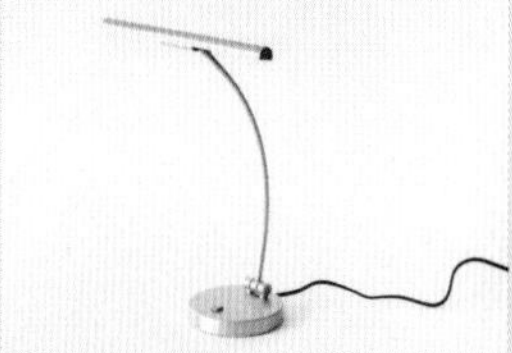

Klavierleuchte Boogie
제조: Jahn Pianoteile
크기: 29.2×12.6×38cm
재질: Brass

Book Darts
디자인: Bob Williams
제조: Book Darts
크기: 2.7×1cm
재질: Brass, Bronze, Stainless steel

October

CG1
제조: Kent & Sons
크기: 32.8×4cm
재질: Bristle, Cherrywood

Renaissance Wax
제조: Picreator Enterprises
연도: 1955
용량: 65ml
성분: Micro-crystalline

Ballistol Universalöl
제조: Ballistol
연도: 1904
용량: 50ml
성분: White oil

November

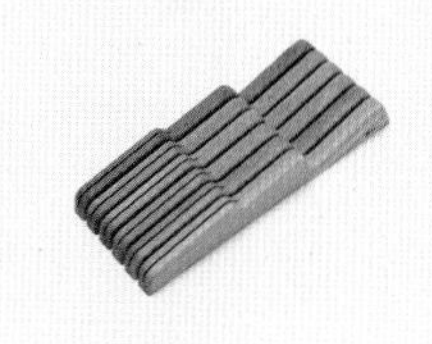

Knife Insert
제조: Evostil
크기: 43×17×5.5cm
재질: Beech

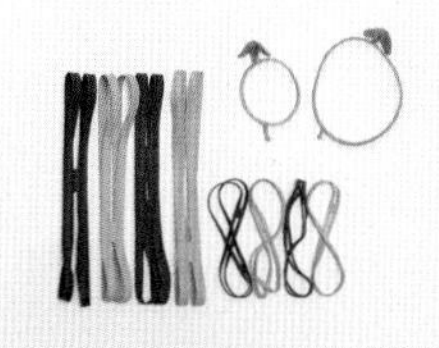

Rubber Tie Bands and X-Bands
제조: Otto office, Mahakit Rubber Co.
크기: Φ5cm, 15×1.1cm
재질: Rubber

Bag System
디자인: Milan Miodragovic
제조: THAT'S iT!
연도: 2001
크기: 60~65cm, 펼쳤을 때 Φ150cm
재질: Polyester

EGYPT Kitchen Towels
디자인: Christine Raundahl
제조: Georg Jensen-Damask
연도: 2000
크기: 50×80cm
재질: Cotton

December

Adventskalender Traumnacht
디자인: Frans Haacken
제조: Richard Sellmer Verlag
연도: 1962
크기: 40×30cm
재질: Paper

Annaberger Faltstern
디자인: Karl Friedrich
제조: Buchbinderei Kraft
연도: 1924
크기: 35cm
재질: Paper

Classic Laid Paper & Envelope
제조: Original Crown Mill
연도: 1870
크기: A4, A5
재질: Paper

월간 생활 도구
좋은 물건을 위한 사려 깊은 안내서

초판 1쇄 발행 2020년 04월 28일
초판 4쇄 발행 2023년 07월 1일

지은이	김자영, 이진주
펴낸이	이준경
편집장	이찬희
책임 편집	김아영
편집	김경은
디자인	정미정, 이윤
마케팅	고유림
펴낸곳	지콜론북
출판등록	2011년 1월 6일 제406-2011-000003호
주소	경기도 파주시 문발로 242 3층
전화	031-955-4955
팩스	031-955-4959
홈페이지	www.gcolon.co.kr
트위터	@g_colon
페이스북	/gcolonbook
인스타그램	@g_colonbook

ISBN 978-89-98656-96-6 03300
값 21,000원